# „Auch Gott hat mich nicht beschützt"

# Begleiten – Beraten – Heilen

Herausgegeben von
Andreas Hess, Wunibald Müller und Lorenz Wachinger

Die Praktische Theologie ist herausgefordet, ihren Kontakt zur modernen Psychotherapie einzusetzen: In der Pastoralpsychologie verbinden sich christlicher Glaube und psychologische Erfahrung. Der Impuls Jesu verpflichtet uns, seine frohe und heilende Botschaft heute so zu verkünden, daß sie die Sorgen und Nöte der Menschen aufgreift und zu lindern versucht. Inhaltlich und äußerlich bunter und erweitert setzt „Begleiten – Beraten – Heilen" die erfolgreiche Reihe „Heilende Seelsorge" fort. Sie vermittelt psychologisches Wissen, Praxisreflexionen und konkrete Hilfe für die Seelsorgearbeit und die persönliche Lebensgestaltung. Sie macht Mut zu heilendem Reden und Handeln und spricht alle an, die sich in pastoralen und caritativen Arbeitsfeldern engagieren und die psychologischen Erkenntnisse und Erfahrungen für ihre Arbeit und für ihr persönliches (Glaubens-)Leben nutzen möchten.

Stephen J. Rossetti / Wunibald Müller (Hg.)

# „Auch Gott hat mich nicht beschützt"

## Wenn Minderjährige in kirchlichem Milieu Opfer sexuellen Mißbrauchs werden

Matthias-Grünewald-Verlag · Mainz

Teilweise entnommen aus „Slayer of the Soul"
© 1990 by Stephen J. Rossetti and Twenty-Third Publications

Übersetzung der englischsprachigen Beiträge von
Karen Anke Braun

 Der Matthias-Grünewald-Verlag ist Mitglied
der Verlagsgruppe engagement

Die Deutsche Bibliothek – CIP-Einheitsaufnahme

**„Auch Gott hat mich nicht beschützt"** : wenn Minderjährige in kirchlichem Milieu Opfer sexuellen Mißbrauchs werden / Stephen J. Rossetti ; Wunibald Müller (Hg.). [Übers. der englischsprachigen Beitr. von Anke Braun]. – Mainz : Matthias-Grünewald-Verl., 1998
    (Begleiten – Beraten – Heilen)
    ISBN 3-7867-2099-1

Umschlag: Kirsch & Buckel Grafik-Design GmbH, Wiesbaden
Druck und Bindung: Wagner, Nördlingen

ISBN 3-7867-2099-1

# Inhalt

# Vorwort

Die Opfer bzw. die Überlebenden von sexuellem Mißbrauch in der Kindheit stehen im Mittelpunkt dieser Veröffentlichung. Es geht dabei um Opfer, bei denen sich auf die eine oder andere Weise ein Bezug zur Kirche feststellen läßt: Kinder, die von Priestern oder anderen kirchlichen Mitarbeitern oder Mitarbeiterinnen sexuell mißbraucht wurden, sowie Priester und Ordensleute, die als Kinder sexuell mißbraucht wurden. Neben den primären Opfern und Überlebenden von sexuellem Mißbrauch wird auch auf die sekundären Opfer eingegangen: Angehörige der Opfer und Täter; die Pfarrgemeinden, deren Seelsorger Minderjährige mißbraucht haben; kirchliche Mitarbeiter und Mitarbeiterinnen, die nicht zur Tätergruppe gehören. Betroffene Opfer kommen durch Erfahrungsberichte selbst zu Wort. In ihren Berichten wird konkret zum Ausdruck gebracht, was in den fachlich orientierten Artikeln aus psychologischer, seelsorglicher, therapeutischer und spiritueller Sicht aufgezeigt wird. Die Beiträge von Mollie Brown und Patricia Moran sowie der anonyme Bericht eines Priesters, der als Kind sexuell mißbraucht wurde, sind dem Buch *Slayer of the Soul*, herausgegeben von Stephen Rossetti (Mystic 1991) entnommen. Von Stephen Rossetti und mir erschien im Grünewald-Verlag das Buch *Sexueller Mißbrauch Minderjähriger in der Kirche. Psychologische, seelsorgliche und institutionelle Aspekte* (Mainz 1996). Bei dieser Veröffentlichung standen die Täter sexuellen Mißbrauchs im Vordergrund. Der vorliegende Band versteht sich – jetzt mit dem Schwerpunkt Opferperspektive – als notwendige Ergänzung dazu. Das Buch beschränkt sich allerdings auf Kinder, die sexuell mißbraucht worden sind, und geht nicht auf die Situation von Erwachsenen ein, die Opfer sexueller Ausbeutung im Rahmen von Seelsorge und Kirche geworden sind.
Auch wenn augenblicklich das Thema sexueller Mißbrauch Minderjähriger durch kirchliche Mitarbeiter in der Öffentlichkeit nicht mehr so stark diskutiert wird, ist es nach wie vor ein aktuelles Thema. Das trifft für die Täter, besonders aber für die Opfer beziehungsweise Überlebenden von sexuellem Mißbrauch

zu. Glaubt man Berichten aus den USA, dann sind die Fälle von sexuellem Mißbrauch Minderjähriger durch Priester und andere kirchliche Mitarbeiter zurückgegangen. Geblieben sind die Überlebenden und Opfer sexuellen Mißbrauchs, denen die Kirche und ihre Verantwortlichen oft *die* Hilfe, Sorge und den geistlichen Beistand versagen, die sie so dringend nötig haben. Hier scheint sich allerdings eine Wende zu vollziehen, insofern die Kirche stärker als bisher – was eigentlich selbstverständlich sein sollte – auch für die Opfer Partei ergreift, bis dahin, daß der Sorge und dem Einsatz für die potentiellen Opfer oder die Überlebenden von sexuellem Mißbrauch eindeutig Priorität eingeräumt wird. Auf der anderen Seite – so Berichte aus den USA –, läßt sich unter den kirchlichen Verantwortlichen wieder die Tendenz feststellen, dem Problem auszuweichen und die dem Problem zugrunde liegenden Ursachen nicht wirklich anzuschauen und daraus notwendige Konsequenzen zu ziehen. Nachdem das Thema nicht mehr so stark die Medien interessiert, glaubt man offensichtlich, das Schlimmste hinter sich zu haben. So erscheint dieser Band hoffentlich zur richtigen Zeit. Er will auf die Opfer und Überlebenden von sexuellem Mißbrauch aufmerksam machen und mögliche therapeutische und spirituelle Hilfen für sie aufzeigen. Er will weiter die Kirche und ihre Verantwortlichen an ihre Verantwortung für die Opfer erinnern und sie ermutigen in ihrer Sorge für sie nicht nachzulassen, ja eher noch die Sorge und den konkreten Einsatz für sie zu verstärken.

*Wunibald Müller*

# 1. Kapitel
# Psychologische Aspekte

*Patricia A. Moran*
## 1. Kinder als Opfer sexuellen Mißbrauchs

## 1. Auftreten von Mißbrauchshandlungen

Neben persönlichen Erlebnissen erfahren wir von sexuellem Mißbrauch vor allem aus zwei Quellen: aus populären Berichten und wissenschaftlichen Untersuchungen. In den vergangenen Jahren wurde in Zeitungen, im Fernsehen und anderen Medien immer häufiger über sexuellen Mißbrauch berichtet. Zwar sorgen derartige Darstellungen dafür, daß die Problematik mit wacherem Bewußtsein wahrgenommen wird, jedoch die Tatsachen sind nicht leicht zu akzeptieren. Es ist nicht angenehm, sich vorzustellen, daß ein vierjähriges Mädchen zum oralen Sex mit ihrem Onkel gezwungen wird. Um uns vor diesem Schrecken zu schützen, bilden wir uns nur allzugern ein, daß sexueller Mißbrauch, wenn er denn auftritt, in einer fremden Stadt geschieht, in einer anderen Gesellschaftsschicht oder bei Menschen, die auf irgendeine Weise anders als wir sind. *All dies ist unwahr. Sexueller Mißbrauch geschieht in unseren Städten, in unseren Gemeinden und sogar in unseren Familien.* J. Herman (1981) gibt uns einen zusammenfassenden historischen Überblick von TherapeutInnen, die sich mit dieser Frage befaßt haben, angefangen mit Sigmund Freud. Im Jahr 1896 schrieb Freud, sexueller Mißbrauch in der Kindheit sei die Ursache für Hysterie. Allerdings war ihm nicht wohl dabei, hiermit „respektable" Männer in Mißkredit zu bringen, daher verwarf er diese Theorie nach kaum einem Jahr und schrieb danach die Hysterie einer mißlungenen Auflösung ödipaler Phantasien zu. Freuds Einfluß blieb über viele Jahre hin wirksam, in denen man wenig über sexuellen Mißbrauch von Kindern erfuhr. Laut

Herman ist der Inzest erst ein halbes Jahrhundert nach Freud „wiederentdeckt" worden. Vor 1960 gab es nur vier Studien über das Auftreten von sexuellem Mißbrauch, darunter den berühmten Kinsey-Report. Im letzten Jahrzehnt wurden mehr als fünfzehn solcher Untersuchungen durchgeführt, woran ersichtlich wird, daß das wissenschaftliche Interesse an dieser Frage wieder zunimmt (Finkelhor 1986).

Es gibt zwei Arten von wissenschaftlichen Studien, die sich mit dem Auftreten von sexuellem Mißbrauch beschäftigen: *Inzidenz-Studien*, die eine Schätzung der Zahl neuer Fälle in einem festgesetzten Zeitraum vornehmen, und *Prävalenz-Studien*, die den Prozentsatz von Mißbrauchserfahrungen in der allgemeinen Bevölkerung untersuchen. Da es bei beiden Ansätzen logistische Probleme gibt, stellt keiner von ihnen einen exakten Maßstab dar. Robinson (1989) berichtet über die Grenzen, die verhindern, daß das echte Ausmaß sexuellen Mißbrauchs bekannt wird. Zum einen handelt es sich hier um ein ausgesprochenes Tabuthema und um eine unangenehme Angelegenheit. Auch gibt es unterschiedliche Ansichten darüber, welche Gruppen man untersuchen sollte (Opfer oder Täter). Über die Definition des sexuellen Mißbrauchs ist man sich ebenfalls uneins. Die aus den Untersuchungen hervorgegangenen Zahlen und Prozentsätze belegen eine Vielzahl statistischer Ansätze, die nicht immer miteinander kompatibel sind. Aber wir *wissen* anhand von Studien und Erfahrungen, daß immer mehr Fälle von sexuellem Mißbrauch gemeldet werden. Wenn wir einige Untersuchungen näher betrachten, können wir einen Kontext für das Problem des sexuellen Mißbrauchs von Kindern gewinnen.

Inzidenz-Studien basieren auf den Angaben derjenigen, die von Berufs wegen mit diesen Fällen zu tun haben. Eine der größten dieser Untersuchungen wurde vom National Center on Child Abuse and Neglect (NCCAN) durchgeführt, trägt den Titel „Study of National Incidence and Prevalence" und wurde im Jahr 1980 veröffentlicht. Man schätzte die Zahl der bekannten Fälle von sexuellem Mißbrauch von Kindern im Jahr 1979 auf 44 700. Die Folgeuntersuchung aus dem Jahr 1988 spricht von einer mehr als dreimal so hohen Zahl. Dieser dramatische Anstieg wurde nicht so sehr einer tatsächlichen Zunahme der Vor-

fälle zugeschrieben, sondern vielmehr der Tatsache, daß die Fachleute die Signale besser erkennen konnten. Diese NCCAN-Studie geht von zwischen 45 000 und 200 000 neuen Fällen von sexuellem Kindesmißbrauch pro Jahr aus. Ginge es um eine Krankheit, so handelte es sich hier um eine Epidemie! Prävalenz-Studien basieren auf den Berichten Erwachsener über ihre Kindheitserfahrungen. Laut Kinsey (1953) hatten 24 Prozent der Frauen vor ihrer Pubertät Sexualkontakte mit einem älteren Mann. In seiner Befragung von Collegestudenten (1979) berichtet Finkelhor von 19 Prozent Frauen und 9 Prozent Männern, die als Kinder sexuelle Erfahrungen mit einem älteren Partner gemacht hatten. Bei seiner Befragung einer zufällig gewählten Gruppe im Gebiet von Boston erzählten 15 Prozent Frauen und 6 Prozent Männer von ähnlichen Erfahrungen. Eine der größten wissenschaftlichen Untersuchungen (Russel 1986) nennt noch größere Zahlen. 38 Prozent aller Frauen einer zufällig gewählten Gruppe im Gebiet von San Francisco hatten im Alter von unter achtzehn unerwünschte sexuelle Erfahrungen mit Körperkontakt. Wird Russells Definition von Mißbrauch um sexuelle Erfahrungen ohne direkten Körperkontakt erweitert, also etwa Exhibitionismus und Voyeurismus eingeschlossen, erhöht sich die Zahl auf 54 Prozent.
Sexueller Mißbrauch von Kindern wird in den verschiedenen Untersuchungen unterschiedlich definiert, abhängig von Altersgrenzen, den als Mißbrauch definierten Verhaltensweisen und den bestimmenden Wesensmerkmalen von Mißbrauchshandlungen (Finkelhor 1986). Im vorliegenden Aufsatz definieren wir den sexuellen Mißbrauch von Kindern als unerwünschte sexuelle Annäherungen an eine/n Jugendliche/n unter achtzehn Jahren durch eine Person, die mindestens fünf Jahre älter ist.


## 2. Ein Profil der Opfer

Forschung und Erfahrung belegen, daß die Opfer sowohl männlich als auch weiblich sind. Finkelhor (1986) untersuchte acht beliebig gewählte Gruppen und errechnete 71 Prozent weibliche und 29 Prozent männliche Opfer. Zwar geht man allgemein davon aus, daß zahlreiche Fälle von Mißbrauch an männlichen Personen nicht gemeldet werden, aber es gibt genügend Indizien dafür, daß das Mißbrauchsrisiko für Mädchen größer ist. Das Altersspektrum der Opfer reicht vom Babyalter bis zu achtzehn Jahren. Zwar hört der Mißbrauch dann nicht notwendigerweise auf, wird aber nicht länger als Kindesmißbrauch bezeichnet. Finkelhor (1979) nennt 10,6 Jahre als das Durchschnittsalter für den Beginn von Mißbrauchshandlungen bei Mädchen und Jungen. Herman (1981) nennt für Mädchen das Alter von 9,4 Jahren. Russell (1986) berichtet über Opfer mit extremen traumatischen Erfahrungen und gibt als Durchschnittsalter 10,62 Jahre an. Die Abweichung dieser Zahlen ist statistisch ohne Belang; es wird deutlich, daß für Kinder vor der Adoleszenz das Risiko, sexuell mißbraucht zu werden, am größten ist.

Ganz im Gegensatz zum populären Mythos vom Mann, der sich in einer dunklen Unterführung verbirgt oder trenchcoatbekleidet im Gebüsch lauert, *werden die meisten Kinder von einer Person sexuell mißbraucht, die sie kennen und der sie vertrauen.* Deveney und andere (1987) berichten, daß es sich bei 62 Prozent der Fälle um einen Elternteil handelt. In seiner Untersuchung von männlichen Tätern fand Robinson (1989) heraus, daß hiervon 41 Prozent die biologischen Väter waren, 24 Prozent Stiefväter, 27 Prozent andere Verwandte und nur 7 Prozent keine Familienangehörigen. Zwar gibt es sowohl männliche als auch weibliche Täter, aber die Frauen sind in der Minderheit. Russell (1986) berichtet in ihrer Untersuchung von nur fünf Prozent Frauen.

Russell beleuchtet auch die Familien der Inzestopfer genauer. Sie entdeckte dabei keinen signifikanten Zusammenhang zwischen dem Bildungsstandard oder dem Beruf des Vaters und dem Auftreten von Mißbrauchshandlungen. Auch bei den Müttern machte es keinen Unterschied, ob sie arbeiteten oder Hausfrauen waren. In Familien mit niedrigerem Einkommen gab es weniger, in den höchsten Einkommensgruppen etwas mehr Inzestopfer. Rassen- und ethnische Zugehörigkeit waren gleichfalls ohne Bedeutung, abgesehen von den AsiatInnen, die deutlich seltener über Mißbrauchserfahrungen berichteten. Jüdisch erzogene Frauen wurden offensichtlich weniger mißbraucht als diejenigen, die als Katholikinnen oder Protestantinnen aufwuchsen.

### 3. Symptome sexuellen Mißbrauchs

Der einzige völlig unanfechtbare Beweis für sexuellen Mißbrauch ist das Vorhandensein von Geschlechtskrankheiten bei Kindern. Wenn eine Dreijährige unter Gonorrhoe leidet, ist dies die Folge von sexuellem Mißbrauch. Hier handelt es sich jedoch nur um einen medizinischen Beleg, nicht um einen der sonstigen, zumeist vertuschten Indikatoren. Einige Opfer zeigen nur wenige oder überhaupt keine Symptome. Diese Kinder bewältigen das Erlebte dadurch, daß sie zu Komplizen werden, tun, was man ihnen sagt, und versuchen, keine Aufmerksamkeit zu erregen. Einige der unten aufgelisteten Indikatoren können Zeichen für andersgeartete Probleme sein. Kinder aus dysfunktionalen Familien oder solche, die sich in einer besonders streßgeprägten Phase befinden, können einige dieser Symptome zeigen. Auch ist es wichtig, Verhaltensweisen und Gefühle im Kontext einer normalen, kindlichen und adoleszenten psychosexuellen Entwicklung zu betrachten. Wie bereits erwähnt, gibt es, abgesehen von medizinischen Belegen, keinen hundertprozentigen Beweis für sexuellen Mißbrauch. Falls jedoch einige dieser Indikatoren vorhanden sind und über einige Zeit hinweg konstant bleiben, ist dies Grund genug, die Möglichkeit eines sexuellen Mißbrauchs in Erwägung zu ziehen.

### Signale und Indikatoren
(zusammengestellt von Jeanne Wess)

### I. Babies und Kleinkinder

*A. Physische Signale*
1. Verletzungen an Genitalien oder Mund, genitale oder urologische Irritationen und/oder Geschlechtskrankheiten
2. Andere Verletzungen, Verbrennungen oder blaue Flecken

3. Unerklärliche Halsentzündungen können ein Anzeichen für oralen Sex sein
4. Ungewöhnlicher oder abstoßender Körpergeruch, Absonderungen aus Penis oder Vagina, Blutungen oder Verletzungen (auch rektal)
5. Klagen über Schmerzen oder Beschwerden im Genital- oder Rektalbereich
6. Objekte in Vagina, Harnröhre oder Enddarm.

*B. Signale des sozio-emotionalen Verhaltens*
1. Extreme Furcht vor Menschen im allgemeinen oder vor einem bestimmten Ort, einer bestimmten Person
2. Abrupte Veränderungen des Verhaltens
3. Schlafstörungen (Bettnässen, Alpträume, Schlaflosigkeit)
4. Rückzug und/oder Depression
5. Entwicklungsverzögerungen

## II. Vorschulkinder
alle obengenannten Signale und zusätzlich

*A. Physische Signale*
1. Bettnässen
2. Einnässen oder Einkoten der Unterhose
3. Regressives Verhalten (z. B. Daumenlutschen)
4. Hyperaktivität
5. Klagen über körperliche Beschwerden – chronische Kopfschmerzen, Unterleibsschmerzen, Verstopfung

*B. Signale des sozio-emotionalen Verhaltens*
1. Abrupte Veränderungen von Verhaltensweisen
2. Direkte oder codierte Äußerungen des Kindes über sexuelle Verletzungen

*C. Sexuelle Verhaltensweisen*
(Diese müssen besonders im Vergleich mit der normalen Sexualentwicklung betrachtet werden.)
1. Exzessive Masturbation
2. Sexuell gerichtetes Küssen, Berühren
3. Sexuelle Handlungen mit Geschwistern oder Freunden
4. Frühreifes Wissen über sexuelle Handlungen
5. Exzessive sexuelle Neugier.

### III. Schulkinder
alle obengenannten Signale und zusätzlich
1. Störungen der Beziehungen zu Gleichaltrigen
2. Veränderungen der schulischen Leistungen: Unfähigkeit zur Konzentration, schlechtere Noten, Unpünktlichkeit und Schuleschwänzen
3. Mißtrauen gegenüber Erwachsenen im allgemeinen
4. Depressionen, Rückzug, Traurigkeit, Lustlosigkeit
5. Schlafstörungen, beispielsweise Alpträume oder Schlaflosigkeit
6. Vermeidung von körperlichen Aktivitäten, Vermeidung, sich auszuziehen.

### IV. Jugendliche in der Adoleszenz
alle obengenannten Signale und zusätzlich
1. Selbstzerstörerische Handlungen, Selbstmordgedanken, selbst zugefügte Verletzungen
2. Eßstörungen
3. Straftaten und/oder Fortlaufen
4. Alkohol- und Drogenmißbrauch
5. Frühe Schwangerschaft
6. Prostitution, Promiskuität oder andere ungewöhnliche sexuelle Verhaltensweisen.

Sexueller Mißbrauch tritt beinahe immer im Zusammenhang mit Geheimnistuerei und Hilflosigkeit auf. Gewöhnlich kommt es zum Mißbrauch, wenn das Kind mit dem Erwachsenen allein ist. Auf irgendeine Weise wird stets die Botschaft vermittelt, daß die Angelegenheit geheimzuhalten ist. Es wundert daher kaum, daß es den Kindern widerstrebt, die Mißbrauchshandlungen aufzudecken. Untersuchen wir, was dem Kind schon früh im Leben beigebracht wird: „Tu, was deine Eltern dir sagen!" „Hör auf deinen Onkel!" „Gehorche dem Babysitter!" Wenn das Kind dem Erwachsenen vertraut, der ihm diese Botschaft vermittelt, wird sie immer stärker verinnerlicht.
Wird dieses Vertrauen verraten, entsteht die schrecklichste Wunde, die überhaupt geschlagen werden kann, wie Charlene, ein Mißbrauchsopfer, so treffend formulierte:

*Erinnern Sie sich an die Zeit, als Sie ein Kind waren. Gab es damals jemanden in Ihrem Leben, den Sie besonders mochten? Einen Elternteil, Onkel oder Freund der Familie? Einen, der Sie zum Faschingszug mitnahm, ins Kino, in den Park? Haben Sie stundenlange Gespräche geführt? Hatten Sie das Gefühl, geliebt und wichtig zu sein? Was das Vertrauen betrifft – gefürchtet haben Sie sich nie, oder? Jetzt stellen Sie sich einmal vor, wie es Ihnen ergangen wäre, wenn dieser Mensch Sie sexuell berührt hätte. Er sagt, daß es gut, daß es in Ordnung ist: „Auf diese Weise wirst du wissen, wie sehr ich dich mag." Wie fühlen Sie sich jetzt? Fühlen Sie es. Erleben Sie es, denn so fühlt sich ein Kind, daß mißbraucht worden ist. Jetzt fügen Sie folgendes hinzu: „Erzähl es niemandem. Das ist unser Geheimnis. Keiner wird dir glauben, wenn du davon erzählst. Keiner wird dich dann liebhaben." Der Mißbrauch geht weiter, Ihnen werden Schmerzen zugefügt, und Sie bekommen zu hören: „Wenn du darüber sprichst, wird es noch mehr wehtun." Wie fühlen Sie sich jetzt? Sind Sie verstört, wütend? Stellen Sie sich vor, wie es einem Kind dabei geht.*

Wie geht ein kleines Kind mit diesem Dilemma um? Wenn sich ein Kind vorstellen soll, daß ein Elternteil schlecht ist, käme dies dem Verlassenwerden gleich. Die Eltern müssen als gut angesehen werden. Also besteht die einzige Hoffnung darin, daß man sich selbst Vorwürfe macht. Auf diese Weise entstehen gleichzeitig Gefühle von Liebe und Haß, die für das Opfer selbst und für andere verrückt aussehen können. Sie sind es nicht. Es ist der einzige Weg für das Kind, sich selbst vor der schmerzhaften Wirklichkeit zu schützen, um überleben zu können (Summitt, 1983).

Schließlich wird der klassische Rollentausch offensichtlich: Das Kind kümmert sich nicht nur um die elterlichen Bedürfnisse, sondern nimmt die Verantwortung für die Zukunft der Familie auf sich. „Wenn du darüber sprichst…" ist ein kleiner Satz, der mit Erfolg die Verantwortungsgefühle für mögliche Konsequenzen auf das Kind überträgt.

## 4. Enthüllung des Mißbrauchs

Eines der schwierigsten Dinge für ein Kind ist es, einen sexuellen Mißbrauch zuzugeben. Kleineren Kindern mag dies per Zufall passieren, da sie die Implikationen des Gesagten nicht erkennen. Ältere Kinder berichten eher absichtlich davon, da sie normalerweise nichts lieber hätten, als daß der Mißbrauch aufhört, da ihnen die Folgen nicht völlig bewußt sind. Aus Teenagern bricht es manchmal heftig hervor, etwa mitten in einem hitzigen Streit. Es ist schwer für Kinder, davon zu erzählen. Dafür gibt es verschiedene Gründe. Meistens wurde dem Kind damit gedroht, daß etwas Schlimmes geschieht, wenn es etwas sagt. Es gibt viele Arten von Drohungen. Einige sind eher subtil, andere nicht. „Wenn du etwas sagst, bin ich nicht mehr dein Freund." „Deine Mutter wird dir nicht glauben." „Ich komme ins Gefängnis." „Ich werde dich umbringen." Kleine Kinder nehmen alles wörtlich. Vorweggenommene Gewalt wird daher nicht als schlichte Drohung verstanden, sondern als Tatsache.

*Die vierzehnjährige Jane gab vor einer Weile zu, daß ein guter Freund ihrer Eltern sie jahrelang mißbraucht hatte. Als der Prozeß näherrückte, sagte sie in der Therapiestunde, sie wolle nicht als Zeugin aussagen. Kurz vor dem Verhandlungstermin begann sie davonzulaufen. Sie hatte schreckliche Angst davor, im Angesicht des Täters ihre Aussage machen zu müssen. Als sie nach zwei Wochen zurückkehrte, gestand sie dem Therapeuten, der Täter habe damit gedroht, ihre Mutter physisch zu verletzen, falls sie etwas sagte. Sie hatte ihn in der Vergangenheit als gewalttätig erlebt und fühlte sich dafür verantwortlich, ihre Mutter zu schützen.*

Stets erschweren die heimtückischen, oft jedoch zutreffenden Drohungen die Enthüllung. „Wenn du etwas sagst, muß ich fortgehen." „Ich komme ins Gefängnis." „Ihr werdet umziehen müssen." „Deine Mutter kann es sich nicht leisten, dich großzuziehen." In einigen Fällen stellen sich diese Drohungen als wahr heraus.

Auch Schuld- und Schamgefühle hindern ein Kind daran, sich zu offenbaren. Es ist immer schwierig, über sexuelle Dinge zu sprechen. Noch schwieriger ist es für ein Kind, sexuelle Angelegenheiten zu erwähnen, die es als verkehrt empfindet. Häufig nimmt das Opfer fälschlicherweise die Bürde der Schuld auf sich. Es ist wichtig, daß Sie sich sowohl der Reaktionen des Kindes als auch Ihrer eigenen bewußt sind, und daß Sie wissen, was zu tun ist, wenn ein Kind sich Ihnen offenbart. In einem solchen Fall ist es normal, daß Sie schockiert, wütend und durcheinander sind. Diese starken Gefühle beziehen sich auf das, was das Kind Ihnen erzählt hat, *es ist jedoch wichtig, daß Sie das Kind nicht mit einer starken Gefühlsreaktion erschrecken.* Wenden Sie sich an Supervisoren oder Kollegen, um mit Ihren eigenen Gefühlen umzugehen. Wenn es für Sie aus irgendeinem Grund zu schwierig ist, mit dem Kind zu sprechen, suchen Sie sich jemanden, der Ihnen hilft oder Ihnen diese Aufgabe abnimmt. Je mehr Sie über das Thema wissen, desto weniger werden Sie überreagieren. Eine Möglichkeit, sich zu desensibilisieren, ist es, Berichte von Mißbrauchserfahrungen zu lesen.

Möglicherweise kennen Sie den potentiellen Täter. Das kann problematisch werden, besonders, wenn Sie ihn oder sie mögen. Wiederholen Sie nicht den Fehler Freuds, indem Sie das Geschehene zu entschuldigen versuchen oder sich ungläubig zeigen. Wenn ein Kind, daß über eine Mißbrauchserfahrung berichtet, das Gefühl bekommt, ihm werde nicht geglaubt, fühlt es sich dadurch einzig in seiner Annahme bestätigt, daß etwas mit ihm nicht stimmt. Es wird kaum wieder irgendjemandem davon erzählen.

*Sie dürfen dem Kind glauben.* So gut wie alle Kinder, egal welcher Altersgruppe, sagen die Wahrheit, wenn sie von Mißbrauchserfahrungen berichten, auch Teenager. Vielmehr werden weitaus weniger Erfahrungen offenbart, als tatsächlich stattgefunden haben. Die meisten Kinder werden zunächst nur einen Teil erzählen, um festzustellen, welche Reaktionen hervorgerufen werden.

*Die fünfjährige Deedee wurde zur Therapie geschickt, nachdem bei der örtlichen zuständigen Kinderschutzbehörde der Bericht eingegangen war, daß ihr Stiefvater sie sexuell berührt hatte. In den ersten Sitzungen spielte sie mit Puppen nach, wie der Vater das Baby berührte. Erst nach dreimonatiger Behandlung begann*

*sie zu spielen, wie die Vaterpuppe oralen Sex mit der Kinder-*
*puppe hatte. Auf die Frage, ob ihr selbst so etwas zugestoßen sei,*
*konnte sie darüber sprechen, daß ihr Stiefvater nachts zu ihr ins*
*Bett gekommen war und genau dies mit ihr getan hatte.*

Wenn ein Kind verwirrt wirkt und die Ereignisse nicht logisch
verbinden kann, so ist das verständlich. Kinder haben nicht das
selbe Zeitgefühl wie Erwachsene, und traumatische Erfahrungen können ihr Gedächtnis durcheinanderbringen. *Geben Sie*
*dem Kind ein Gefühl der Sicherheit und lassen Sie es wissen,*
*daß es richtig war, Ihnen davon zu erzählen.*
*Drängen Sie das Kind nicht dazu, Details preiszugeben.* Möglicherweise kann es nur über Teilaspekte des Mißbrauchs sprechen. Wenn Sie es zu sehr unter Druck setzen, wird es dadurch
möglicherweise nur stärker verängstigt und verwirrt. Es ist nicht
Ihre Aufgabe, alle Fakten zu sammeln.
*Lassen Sie das Kind wissen, daß der Mißbrauch nicht seine*
*Schuld ist.* Es muß erfahren, daß das Opfer niemals Schuld hat.
Das ist leichter gesagt als getan, denn Kinder nehmen oft die
Verantwortung auf sich.

*Als Carol klein war, hielt sie sich gerne im Arbeitszimmer ihres*
*Vaters auf. Oft saß sie nur da und beobachtete ihn, wie er kleine*
*Geräte reparierte. Als sie sechs Jahre alt war, forderte er sie auf,*
*sich auszuziehen und masturbierte dann vor ihren Augen. Der*
*Mißbrauch setzte sich während der folgenden acht Jahre fort,*
*entwickelte sich bis hin zu Berührungen, Penetration mit dem*
*Finger und Geschlechtsverkehr. Nachdem Carol sich im Alter*
*von vierzehn Jahren offenbart hatte, trat in der Therapie immer*
*wieder ein Thema in den Vordergrund: „Was habe ich getan,*
*damit er das mit mir machte? Ich weiß nicht, was, aber ich muß*
*etwas angestellt haben."*

Obwohl es für das Kind wichtig ist, zu erfahren, daß die Schuld
beim Täter liegt, achten Sie darauf, *keine negativen Gefühle be-*
*züglich des Täters zu äußern.* Unterscheiden Sie zwischen dem
Täter oder der Täterin als Person und seinem oder ihrem Verhalten. Denken Sie daran, daß achtzig Prozent aller mißbrauchten Kinder von einer Person mißbraucht werden, die sie kennen, und daß sie daher häufig gemischte Gefühle haben.

Vielleicht ist das Kind in einem Moment wütend, aber das ist nicht notwendigerweise das einzige vorhandene Gefühl.

*Steven war zwölf, als er dem Berater seiner Schule erzählte, daß sein Großvater ihn in den vergangenen fünf Jahren sexuell mißbraucht hatte. Diese Offenbarung geschah nach einem Streit mit dem Großvater. Er sprach sowohl über seinen Ärger wegen des Streits als auch über den Mißbrauch. Der Berater war außer sich darüber, daß Steven von seinem eigenen Großvater mißbraucht worden war, und er sagte das auch. Steven stürzte aus dem Büro und kam an diesem Abend nicht nach Hause. Sein Vater fand ihn spät in der Nacht versteckt im Wald hinter der Schule. Er schluchzte und sagte, wie sehr er seinen Großvater liebte.*

*Wenn Sie mit einem Kind sprechen, verwenden Sie die Sprache des Kindes und legen Sie ihm keine Worte in den Mund.* Vielleicht glauben Sie, zu verstehen, was das Kind sagt, aber die Wahrnehmung des Kindes deckt sich möglicherweise nicht mit der Ihren. Als die dreijährige Julie über ihren Po sprach, meinte sie in Wirklichkeit ihre Vagina. Die vierjährige Katie erzählte von der Schildkröte, mit der sie in der Badewanne spielte. Tatsächlich handelte es sich um den Penis ihres Onkels. *Sagen Sie dem Kind, daß Sie Ihr Bestes tun werden, um ihm zu helfen.* Die Kinder müssen vor weiteren Übergriffen geschützt werden. Teilen Sie ihnen mit, daß Sie mit anderen Leuten sprechen werden, die dabei helfen können, sie in Sicherheit zu bringen. Versprechen Sie nicht, daß Sie niemandem von dem erzählen, was sie erfahren haben. Sexueller Mißbrauch ist ein Verbrechen, das angezeigt werden muß; die Schweigepflicht hat hier keine Wirksamkeit. Wenn ein Kind in der katholischen Kirche einem Priester eine Mißbrauchserfahrung beichtet, sollte er alles tun, um außerhalb der Beichtsituation mit dem Kind sprechen zu können.

## 5. Es ist falsch, nichts zu tun

Die Frage, ob man den Verdacht auf Kindesmißbrauch melden sollte oder nicht, hat sowohl juristische als auch ethische Implikationen. In den Vereinigten Staaten gibt es überall Gesetze, die dazu verpflichten, den Mißbrauch von Kindern anzuzeigen. Es gibt einige Unterschiede bezüglich der Festlegung, welche Berufsgruppen unter diese Gesetze fallen. ÄrztInnen sind in allen Staaten zur Anzeige verpflichtet. In einigen Staaten sind es auch LehrerInnen, psychologische BeraterInnen, Tagesmütter, Krankenschwestern, Pfarrer und viele andere Personen. Erkundigen Sie sich darüber, ob Sie gesetzlich verpflichtet sind, einen Kindesmißbrauch bei der in Ihrem Staat für den Schutz von Kindern zuständigen Stelle anzuzeigen. Neben der möglichen rechtlichen Pflicht muß man auch ethische Fragen in Erwägung ziehen. Es ist falsch, nichts zu tun. Wenn ein Kind Ihnen von sexuellem Mißbrauch erzählt, dann gewöhnlich, weil es will, daß dieser Mißbrauch aufhört. Wenn Sie nichts tun, darf er ungehindert weitergehen, das Kind ist alleingelassen, und die falsche Auffassung, daß das Kind die Verantwortung trägt, wird bestätigt.

*Als Lisas Mutter herausfand, daß ihre vierzehnjährige Tochter von ihrem Onkel sexuell mißbraucht wurde, unternahm sie sofort alle notwendigen Schritte, um sie zu schützen. Sie verbot jeden weiteren Kontakt mit dem Onkel und brachte Lisa zur Therapie in die örtliche psychologische Betreuungsstelle. Laut Gesetz gehörte die Therapeutin zu denjenigen, die zur Anzeige eines Mißbrauchs verpflichtet sind, aber sie schrieb niemals den dazu notwendigen Bericht. Stattdessen ermutigte sie die Familie, selbst zur Polizei zu gehen. Lisa begann, sich der Therapie zu verweigern. Aufgrund des Drängens ihrer Mutter ließ sie sich schließlich dazu bewegen, den Mißbrauch bei der Polizei anzuzeigen, die den Bericht schrieb. Als Lisa schließlich eine Beziehung mit einer anderen Therapeutin aufbaute, machte sie sich ständig Vorwürfe, weil ihr Onkel im Gefängnis saß. „Hätte ich der Polizei nichts erzählt, wäre es nie dazu gekommen." Hätte die erste Therapeutin einen Bericht geschrieben, so wäre Lisa eines Teils der Verantwortung enthoben gewesen.*

Geht es um die Entscheidung, ob man den Eltern oder einem Elternteil des Kindes davon erzählt, daß das Kind einen Mißbrauch offenbart hat, so müssen zahlreiche Gesichtspunkte berücksichtigt werden. Vielleicht ist es wichtig, sich beraten zu lassen, bevor man handelt. *Im Vordergrund steht die Sicherheit des Kindes.* Wenn davon auszugehen ist, daß die Eltern das Kind schützen und keine verdeckten Interessen zugunsten des mutmaßlichen Täters hegen, ist es möglicherweise angebracht, ihnen davon zu berichten. Dies ist beispielsweise der Fall, wenn der mutmaßliche Täter eine Person außerhalb der Familie ist, etwa ein Babysitter, Lehrer, Pfadfinderführer oder Priester. Handelt es sich um einen Pfarrer, so sind einige in der Gemeinde engagierten Eltern allerdings möglicherweise stark daran interessiert, den Ruf des Kirchenmannes nicht zu ruinieren.

Gibt es einen Grund zur Annahme, daß das Kind durch die Einweihung der Eltern / eines Elternteils in noch größere Gefahr geriete, sollten Sie es nicht tun. Gewöhnlich ist dies der Fall, wenn der Täter ein Familienmitglied ist. Wird der Vater beschuldigt, so wäre es möglich, die Mutter zu verständigen, damit sie ihr Kind beschützt. Aber man kann nicht vorhersagen, ob die Mutter dem Kind Glauben schenkt oder emotional in der Lage ist, ihm Schutz zu geben.

Wenn die Familie zu früh miteinbezogen wird, kann dies häufig dazu führen, daß das Kind noch größerem Druck ausgesetzt ist, seinen Bericht zu widerrufen oder zu verändern. Vielleicht glauben Sie, vorraussehen zu können, wie eine Familie reagiert, wenn Sie die Mitglieder kennen, aber es ist nicht leicht, diese Reaktionen im Voraus zu bestimmen. Der Umgang mit einer derart traumatischen Angelegenheit stürzt die gesamte Familie in eine Krise und die Beteiligten verhalten sich oft anders als erwartet. Die zuständigen örtlichen Stellen, die sich um Anzeigen wegen sexuellen Mißbrauchs kümmern, haben häufig mit solchen Problemen zu tun. Wenn Sie Fragen haben, wenden Sie sich dorthin.

### 6. Folgen sexuellen Mißbrauchs

Die Folgen sexuellen Mißbrauchs für ein Kind werden von verschiedenen Faktoren bestimmt. Allgemein kann man feststellen, daß der Mißbrauch umso traumatischer erlebt wird, je näher der Täter dem Opfer stand. Die Art des Mißbrauchs, seine Dauer und der Grad der – realen oder wahrgenommenen – Gewalt spielen eine Rolle, wenn man feststellen will, wie sehr die Psyche des Kindes Schaden genommen hat.

In den letzten Jahren wurden die Folgen sexuellen Mißbrauchs im Zusammenhang mit der posttraumatischen Belastungsstörung (post-traumatic stress disorder, PTSD) betrachtet, einer diagnostischen Kategorie, die im DSM-III-R (American Psychiatric Association 1987) aufgeführt wird. Zu dieser Kategorie gehören die folgenden Störungen:

1. Die Person hatte ein Erlebnis, das auch bei fast jedem anderen Menschen deutliche Streßsymptome hervorrufen würde.

2. Das Trauma wird immer wieder erlebt, entweder durch wiederkehrende quälende Erinnerungen, Träume oder dadurch, daß die Person sich so fühlt, als kehrte das traumatische Erlebnis erneut auf.

3. Möglicherweise ist die Reaktionsbereitschaft gedämpft, es wird versucht, den mit der Mißbrauchserfahrung in Zusammenhang stehenden Gedanken auszuweichen, das Interesse an Aktivitäten ist vermindert, die betroffene Person fühlt sich anderen Menschen entfremdet.

4. Mindestens zwei der folgenden Symptomgruppen müssen ebenfalls auftreten: Schlafstörungen, Reizbarkeit oder Wutausbrüche, Konzentrationsstörungen, übertriebene Wachsamkeit, übertriebene Schreckreaktionen und Reaktionen auf Ereignisse, die einem Aspekt der traumatischen Erfahrung ähnlich sind.

Wenn ein Kind sexuell mißbraucht worden ist, verliert es die Fähigkeit, seine Umwelt zu kontrollieren. Es ist, als sei der letzte, Sicherheit und Identität verleihende Halt gefallen und als gäbe es keine Grenzen und sicheren Orte mehr. Das grundlegende Vertrauen in Beziehungen ist zerstört. *Für das mißbrauchte Kind ist die Welt ein unsicherer Ort.*
Neben den obengenannten Folgen kann ein sexueller Mißbrauch Konsequenzen dafür haben, wie ein Kind Gott und die Kirche wahrnimmt. Die Autorin hat mit mehreren Erwachsenen gesprochen, die als Kinder sexuell mißbraucht worden waren, und sie gebeten, sich an ihre damaligen Empfindungen bezüglich Gott und der Kirche zu erinnern. Für einige war dies kein wichtiges Thema gewesen, aber die Mehrheit der Antworten beweg-

te sich in zwei Kategorien: positiven und negative Wahrnehmungen. Zu den negativen Erinnerungen gehörte es, daß Gott und die Kirche als lieblos wahrgenommen wurden, daß die Kirchenlehre dazu benutzt wurde, sich selbst die Schuld zuzuschreiben, und daß aburteilende Reaktionen von Kirchenleuten erwartet wurden.

*Als beispielsweise Barbara acht Jahre alt gewesen war, heiratete ihre Mutter wieder und die Familie begann, in die Kirche zu gehen. Sie trat einer Jugendgruppe bei. Ihr Stiefvater fuhr sie zu den Gruppenstunden und mißbrauchte sie unterwegs. Für sie war die Kirche Schwindel und Hohn. „Ich mußte lieb sein und fühlte mich nicht so ... Ich hoffte, daß es einen Gott gab und wußte doch, daß es nicht so war."*

Das Gottesbild von Kindern kann oft mit einer Projektion von Gefühlen in Verbindung gebracht werden, die sich auf Autoritätspersonen beziehen. So sagte Fran, im Alter von dreizehn Jahren habe sie gewußt, daß ihre Familie nicht normal war und daraus abgeleitet, Gott müsse ebenso sein. Ihre beiden Eltern waren Alkoholiker. Ihre Mutter mißbrauchte sie als Kleinkind, ihr Vater in der Pubertät. Das vierte Gebot machte ihr besonders zu schaffen. „Wie hätte ich meinen Vater und meine Mutter ehren können, wenn sie mich beide sexuell mißbrauchten?" sagte Fran.

*Viele Opfer sahen Gott als den strafenden Richter. Marilyn sagte: „Mein Gottesbild war von Furcht geprägt. Ich glaubte, wenn ich mich richtig verhielte, würde ich ein gutes Leben haben. Als der Mißbrauch losging, war ich natürlich schockiert." Sie wuchs in einer kleinen Stadt im Süden der Vereinigten Staaten in einer Familie mit fundamentalistisch-baptistischem Hintergrund auf. „Schon früh begann ich, die Dinge in Frage zu stellen und zu sagen, daß ich an manches nicht glaubte, aber es wurde viel Druck ausgeübt mit dem Ziel, daß man in die Kirche eintrat und sich taufen ließ. Diejenigen, die sich weigerten, würden in die Hölle kommen. Ich gehorchte jedem, der älter war als ich; ich tat alles, was man mir sagte, egal von wem es kam." Diese Art von Druck und rigidem Obrigkeitsgehorsam kann den Weg zum Mißbrauch bereiten.*

24

*Mißbrauch in der Kindheit zerstört häufig die Selbstwahrnehmung. Laurie erzählte mir: „Ich glaubte, wenn man lieb ist, geschieht einem Gutes und wenn man böse ist, geschieht einem Schlechtes. Nachdem mein Vater uns verlassen hatte, begann mein Cousin, mich zu mißbrauchen; ich war vier Jahre alt. Ich wußte, daß ich etwas falsch gemacht hatte und es verdiente."*
*Beth, ein anderes Opfer, sagte: „Ich konnte nie den Altar anschauen, besonders im Alter zwischen elf und dreizehn. Ich glaubte, ich sei nicht gut genug, um hinzusehen. Ein Teil von mir war der Meinung, ich hätte den Teufel in mir, wegen der Dinge, die ich manchmal dachte."*
*Einige Mißbrauchsopfer fürchteten und mißtrauten Pfarrern und Ordensleuten und erwarteten, abgeurteilt zu werden, wenn sie den Mißbrauch zugaben. „Du konntest nicht darüber sprechen, weil sie dir die Schuld gegeben hätten." „Ich hatte Angst vor dem, was sie wohl über mich dächten, wenn sie es wüßten." „Mein Pfarrer war menschlich in Ordnung, aber nie hätte ich ihm irgendetwas davon erzählt."*
*Manchmal war eine solche mißtrauische Wahrnehmung berechtigt: Laurie hatte als Teenager Suizidgedanken und versuchte dem Priester nicht nur von ihren Gefühlen zu berichten, sondern auch von den Mißbrauchserlebnissen, die diese hervorgerufen hatten. Sie erinnert sich, daß sie zu sprechen begann und nach dem ersten Satz mit den Worten unterbrochen wurde, Mord sei eine Todsünde und ihr Leib sei heilig. „Ich ging zu ihm, damit er mir Hoffnung gab," sagte sie, „nicht, damit er mir Schuldgefühle einflößte."*
*Auf der anderen Seite gibt es Erwachsene, die als Kinder sexuell mißbraucht worden waren und Gott und die Kirche positiv wahrnahmen. Für sie waren sie eine Zuflucht und ein Hoffnungszeichen. Beth schrieb: „Ich sprach mit Gott, wenn ich nachts im Bett lag. Es schien mir angemessen, im Dunkeln mit ihm zu reden, damit er mich nicht sehen konnte. Ich dachte, vielleicht verwechselt er mich mit jemand anderem und erhört meine Gebete."*
*Charlene betete zu Gott, während sie mißbraucht wurde. „Auf diese Weise empfand ich etwas Trost. Als Erwachsene erfuhr ich, daß ich mich so von der Erfahrung distanziert hatte, aber als Kind wußte ich nur, daß meine Gebete mir Kraft gaben."*

*Charlene war in der Lage, zu erkennen, daß nicht die Religion an sich „schlecht" war, sondern daß es Leute gab, die die Religion mißbrauchten. Priester und Ordensleute nahm sie positiv wahr. „Ich ging in eine katholische Highschool, und eines Tages rief mich der Direktor und sagte, ich würde als Internatsschülerin dort bleiben. Für mich war es ein Rettungsort. Ich glaube, einige wußten, daß etwas nicht stimmte. Sie fragten mich nie; ich denke, sie wußten nicht, wie sie damit umgehen sollten, aber sie begegneten mir mit Güte und nahmen mich an. Ich spürte, daß man sich um mich kümmerte. Ich blieb dort mit einigen anderen ausländischen SchülerInnen, die nicht nach Hause fahren konnten. Das waren die ersten Weihnachten, die ich genossen habe. Es war eine friedliche Zeit."*

*Frans Leben bestand aus zwei Extremen. Ihre beiden Eltern waren Alkoholiker und mißbrauchten sie sexuell. Die ganze Zeit hindurch besuchte sie eine Konfessionsschule. „Die Kirche bedeutete für mich Sicherheit und Schutz. Ich haßte die Ferien. Die Schule war ein sicherer Hafen, es gab dort Heizung, Essen und eine feste Tagesstruktur. Die Menschen dort haben mich gerettet, sie vermittelten mir Fähigkeiten fürs Leben und ein Gewissen. Ich liebte die Jungfrau Maria besonders, sie war für mich wie die Mutter, die ich nie gehabt habe."*

## 7. Zusammenfassung

Wenn man mit einer Gruppe von Kindern oder Heranwachsenden zu tun hat, muß man davon ausgehen, daß einige von ihnen sexuell mißbraucht wurden oder werden. Soweit wir wissen, werden mehr Mädchen als Jungen mißbraucht. Hinsichtlich der sozialen Schicht, der Rassen- und ethnischen Zugehörigkeit oder des Bildungshintergrunds gibt es sehr wenig Unterschiede. Einer davon ist, daß Christen häufiger mißbraucht werden als Juden.

Es ist wichtig, die Zeichen und Symptome von sexuellem Mißbrauch erkennen zu können. Gehäuft auftretende Indikatoren weisen uns darauf hin, daß es ein Problem gibt. Wenn ein Kind, entweder spontan oder aufgrund vorsichtiger Nachfragen, zugibt, daß es sexuell mißbraucht worden ist, hat die erste Reaktion maßgeblichen Einfuß auf das, was folgt. Grundlegend wichtig ist, emotionalen und physischen Schutz zu bieten. Die Offenlegung eines Mißbrauchs ruft eine Krise für die gesamte Familie hervor. Fand der Mißbrauch innerhalb der Familie statt, wird durch die Offenbarung die Balance zerstört und die Loyalität gespalten. Es ist für das Kind wesentlich wichtig, in diesem Prozeß Hilfe zu bekommen. Auch sollte es so schnell wie möglich Therapie erhalten, um das Trauma bewältigen zu können. Hier geht es nicht darum, die Hilfsbedürftigkeit der Eltern in Frage zu stellen, es soll vielmehr betont werden, daß das Kind das Opfer des Verbrechens ist und unmittelbarer Aufmerksamkeit bedarf. Die religiösen Haltungen und Wertvorstellungen mißbrauchter Kinder werden dadurch beeinflußt, wie sie die Lehren der Kirche verstehen, wie sie Pfarrer und Ordensleute wahrnehmen, und wie sie diese Werte und Wahrnehmungen mit ihrer Erfahrung als Mißbrauchsopfer in Verbingung bringen. Dieses Gebiet sollte noch genauer erkundet werden (Sargent 1989). Doch unsere Wachsamkeit und unser Verständnis bezüglich des sexuellen Mißbrauchs von Kindern kann uns dabei helfen, kirchliche Positionen und Sozialprogramme erneut zu bedenken. Auf diese Weise kann unsere Arbeit für die Opfer dieser gesellschaftlichen Tragödie und für ihre Familien stetig verbessert werden.

**Literatur**

American Psychiatric Association, *Diagnostic and Statistical Manual of Mental Disorders*, Washington 1987
Deveney, W., B. Raab-Protentis, D. Rintell und J. Starr, *Services to Sexually Abused Children and Their Families – Part II: Characteristics of Children and Families in Treatment*, Boston 1987
Finkelhor, D., *Sexually Victimized Children*, New York 1979
ders., *Child Sexual Abuse: New Theory and Research*, New York 1984
ders., *A Sourcebook on Child Sexual Abuse*, Beverly Hills 1986
Herman, J., *Father – Daughter Incest*, Cambridge 1981

Kinsey, A., *Sexual Behaviour in the Human Female*, Philadelphia 1953

National Center on Child Abuse and Neglect, *Study Findings: Study of National Incidence and Prevalence of Child Abuse and Neglect*, Washington 1980 und 1988

Robinson, D.: *A Brief Summary and Bibliography on Child Sexual Abuse in the Family*, Massachusetts Society for the Prevention of Cruelty to Children 1989

ders., *Evaluating Intrafamilial Child Sexual Abuse Treatment: Group Process and Outcomes in Multi-Site Programs*, Dissertation, Harvard University 1989

Russell, D., *The Secret Trauma*, New York 1986

Sargent, N., *Spirituality and Adult Survivors*, in: *Vulnerable Populations*, herausgegeben von S. Sgroi, Lexington 1989

Summitt, R., *The Child Sexual Abuse Accommodation Syndrome*, in: *Child Abuse and Neglect 7* (1983), 177–193

Wess, J., *Signs and Indicators of Child Sexual Abuse*, in: *Child Sexual Abuse: An Interdisciplinary Professional Reference Manual*, Worcester Area Child Sexual Abuse Task Force 1987

*Doris Hofmann*
## 2. Psychodynamik von Opfer und Täter

### 1. Mich selbst unabhängig erleben, gleichzeitig mich in einen anderen einfühlen können

In diesem Beitrag werden Überlegungen zur Entwicklung der Psychodynamik von Opfer- und Täterpersönlichkeiten speziell im Zusammenhang mit sexuellem Mißbrauch erörtert. Dabei wird der Frage nachgegangen, welche innerpsychischen Strukturen bei Menschen vorliegen, die später Täter oder Opfer sexueller Ausbeutung im obengenannten Kontext werden.

Um sexuelle Kontakte und sexuelle Handlungen auf einer reifen Ebene partnerschaftlich praktizieren zu können, muß ich mich selbst ausreichend unabhängig erleben, gleichzeitig mich aber in einen anderen einfühlen, ihn in seiner Eigenart respektieren und teilweise mich mit ihm identifizieren können. Das alles ist erforderlich, um auf einer erwachsenen Ebene Sexualität nicht nur vollziehen, sondern um auch wirklich lieben zu können.

Wie erwirbt der Mensch diese Fähigkeiten, welche Prozesse müssen bereits in frühester Kindheit abgelaufen sein, damit ein Erwachsener dazu in der Lage ist?

Die Entwicklung des Selbstwertgefühls spielt dabei eine entscheidende Rolle. Ein Kleinkind erfährt sich und seinen Körper durch seine unmittelbare Umgebung, ganz besonders in der Interaktion mit der Mutter. Wie werden seine Bewegungen, seine Reaktionen beantwortet? Freut sich die Pflegeperson und zeigt sie Interesse an seinen Handlungen? Wie werden die Pflegemaßnahmen vollzogen? Bereits in dieser frühen Phase beginnt der Aufbau eines Selbstwertgefühls, das sich entsprechend der Bedürfnislage des Kindes unterschiedlich vollzieht. Was das Kind gerade zu seinem psychischen und physischen Wohlbefinden benötigt, ist von vielen Faktoren abhängig und erfordert von der Betreuungsperson viel Einfühlungsvermögen.

Betrachten wir im ersten Lebensjahr die Situation des Kindes. Damit das Kind es lernt, sich mit seinem Körper als eine Ganzheit zu erleben, sind entsprechende Pflegemaßnahmen und darüber hinaus die Beschäftigung mit dem Kind in spielerischer Form erforderlich. Um einzelne Körperteile zu erfahren, bewegt das Kind seine Arme und Beine, aber auch die Betreuungsperson hält es für wichtig, beispielsweise die Fußsohlen des Säuglings zu kitzeln oder seine Hände anzufassen und mit den Fingern zu spielen. Dabei werden diese Körperzonen besonders betont, was eine Bewußtmachung dieser Körperpartien für das Kind bedeutet. Dadurch erfolgt also eine teilweise Fragmentierung (Zerlegung) des Körpers. Diesen Spielen folgen kurz darauf wiederum andere, welche das Gefühl für die Gesamtheit (Kohärenz) des Körpers, zum Beispiel in den Arm nehmen, bewirkt. Andere Interaktionen mit dem Kind, die Mutter bedeckt Teile ihres Gesichtes, lösen eine Spannung bei ihm aus, die wenn sie nicht zu lange dauert, höchst lustvoll ist. Dabei macht es wiederum die Erfahrung von einzelnen Körperpartien, dieses Mal aber bei seinem Gegenüber. Wie lange die Mutter diese Spannung beim Kind hervorrufen darf, also wie lange sie die Augen bedeckt halten kann, ohne daß das Kind beunruhigt wird, hängt weitgehend von seinem augenblicklichen psychischen Zustand ab.

Die Gefahr in früher Kindheit besteht darin, daß ein Kind entweder zu lange in einer Reifestufe zurückgehalten oder zu früh von ihm etwas gefordert wird, was es noch nicht erbringen kann. Beides kann sich schädigend auswirken. Deshalb ist die Einfühlung der Mutter, wann ist der richtige Moment, wann kann sie sich wieder ein Stückchen mehr lösen, wann braucht das Kind vermehrten Schutz, so entscheidend.

Die Besetzung unseres Körpers, d. h. die Aufmerksamkeit, die unser Körper durch uns selbst und durch andere Menschen jeweils erhält, fließt in unser Selbstwertgefühl mit ein. Dabei muß ich wissen, daß diese Besetzung sich ständig verändert, zum Beispiel schon dadurch, ob ich mich warm oder kalt fühle, und was ich sonst noch erlebt habe. War ich gerade erfolgreich oder mußte ich mit einer Kränkung fertig werden. Bereits durch eine entsprechende Körperpflege, ein warmes Bad, kann eine Veränderung des Körpergefühls erreicht werden. Der Körper wird dadurch kohäsiv stimuliert, was sich wiederum auf das gesamte Wohlbefinden auswirkt. Auf unterschiedliche Weise kann die Regulierung des Selbstwertgefühls erfolgen wie bereits aufgezeigt durch körperliche Veränderungen, die das Wohlbefinden beeinflussen, aber noch durch viele andere Maßnahmen, zum Beispiel durch geistige Arbeit. Danach habe ich ein „Produkt" vorzuweisen, mit dem ich mich darstellen und zufrieden sein kann, aber auch durch längere körperliche Arbeit, die ja ebenfalls ein Resultat erbringt.

Zusammenfassend ist zu sagen: Für das psychische Wohlbefinden muß ich lernen, selbstregulatorische Fähigkeiten zu erwerben, so daß ich mein Selbstwertgefühl in körperlicher, geistiger, moralischer und ästhetischer Hinsicht fördern kann, was dann zu Momenten größtmöglicher Selbstbestätigung führt. Mit Hilfe der anderen, welche die Erfahrung der Bestätigung, das Gefühl des Akzeptiert- und Gebrauchtwerdens und des Wirksamseins ermöglichen, erfährt das Kind eine Verbesserung seines Selbstwertgefühls.

## 2. Frustration, Aggression und Verzweiflung, wenn Bestätigung ausbleibt

Auch der Erwachsene muß sich immer wieder um sein psychisches Gleichgewicht bemühen. Erfolgt dies von seiner Umwelt nicht ausreichend genug, dann muß er sich um entsprechende Aufmerksamkeit, die er nötig hat, sorgen. Eine Förderung des Selbstwertgefühls, der Aufbau eines kohäsiveren und weniger fragmentierten Selbst führt dazu, daß ich besser beobachten, denken, diskutieren und lernen kann. Das wiederum bedeutet, ich kann mit den verschiedenen Anforderungen der Realität effektiver umgehen und werde mit ihnen besser fertig. Dagegen bedeutet Fragmentierung ein Nachlassen des Antriebes, ein Absinken der Selbstachtung und ein Gefühl von Sinnlosigkeit und damit Verminderung des augenblicklichen Selbstwertgefühls. Menschen mit einem überwiegend fragmentierten Selbst stehen immer wieder in der Gefahr, daß sie bedingt, durch ihr labiles Selbst, erschöpft werden und auseinanderzubrechen drohen. Dann reicht oft ein einzelner Erfolg in einem bestimmten Bereich nicht mehr aus, um dem Gefühl des Entleertseins entgegen treten zu können. Sie fühlen sich mit sich selbst nicht mehr im Einklang, können sich kaum noch zu etwas aufraffen, leiden unter ihrer mangelnden Vitalität.

In welchem Umfang der Mensch darauf angewiesen ist, was andere für sein Selbstwertgefühl bewirken müssen, hängt vom Entwicklungsstadium des einzelnen ab. Während das Kleinkind noch in größerem Umfang davon abhängig ist, was die Bezugspersonen für sein Selbstwertgefühl leisten, kann das größere Kind, der Jugendliche oder der Erwachsene selbst Verschiedenes für die Verbesserung bewirken.

Ein Kleinkind benötigt eine Person, die sich teilnehmend in seine Bedürfnisse hinein versetzt und sich empathisch darauf einstellt und antwortet. Der Säugling macht Selbsterfahrungen, die noch weitgehend auf ganz spezielle Fähigkeiten seines Körpers ausgerichtet sind. Darüber ist er selbst begeistert und gleichzeitig erlebt er, wie seine Umwelt sich über seine Aktivitäten freut. Die eigene Freude und das Reagieren auf seine Fähigkeiten ist entscheidend dafür, daß er sich bestätigt fühlt.

Reicht die Bestätigung über längere Zeiträume nicht aus, dann entsteht Frustration, Unlust, teilweise Verzweiflung oder Aggression. Letztere stellt einen Affekt dar, der eine Abwehr- und Schutzfunktion beinhaltet. Immer dann, wenn sich ein Mensch bedroht oder gekränkt fühlt, hilft er sich mit diesem Affekt. Das bedeutet, daß für das Auftreten von Wutreaktionen eine übermäßige Unlust Vorbedingung ist. In der Säuglingsforschung wird von einem aversiven Subsystem (Lichtenberg) gesprochen. Lichtenberg versteht darunter alle Reaktionen, die von Widerspruch, Rückzug bis zu Notreaktionen reichen. Für das Kind aber auch für den Erwachsenen ist es von entscheidender Bedeutung, diese aversiven Bedürfnisse leben zu dürfen, ohne durch eine aversive Konfrontation die notwendige selbststützende Responsivität (Beantwortung und Wahrnehmung des Selbst) zu verlieren. Die aversive Reaktion auf Bedrohung beinhaltet einmal den Rückzug und zum andern antagonistische Reaktionen. Unter Antagonismus werden alle Handlungen verstanden, die durch aktives Verhalten Unbehagen signalisieren, dazu gehören das Beiseiteschieben und das aggressive Reagieren. Konstruktive Aggression, die bisher als Form von Selbstbehauptung angesehen wurde, wird jetzt unter dem Begriff Assertation zusammengefaßt, um deutlich zu machen, daß beispielsweise Neugier und Exploration keinem Aggressionstrieb unterliegen, sondern sie sind die Manifestation eines eigenständigen Motivationssystems, das biopsychologische Aufgaben hat. Diese Differenzierung ist deshalb so wichtig, weil es einen Unterschied macht, ob eine entsprechende Handlung des Kindes als selbstbehauptend oder als aggressiv von seiner Umwelt eingeordnet wird. Ein und dieselbe Handlung kann einmal Ausdruck einer Aggression – schlagen mit der Hand ins Gesicht der Mutter – oder als Freude an der Bewegung des Körpers – also als assertiv – angesehen werden. Die aversiven Reaktionen zeigen Unwohlsein an. Die Pflegepersonen sollten versuchen, dieses Unwohlsein zu erkennen und ihm abzuhelfen. Andererseits kann es aber auch notwendig sein, daß diese Aversion erhalten bleibt, zum Beispiel beim älteren Kind, um dadurch eine Auseinandersetzung folgen zu lassen. Dabei wird dann vorübergehend die empathische Verbindung zur Bezugsperson unterbrochen, was in dieser Situation zur Entwicklung der Aversion erforderlich ist. Dadurch entwickelt sich die Fähigkeit zur Abgrenzung und Eigenständigkeit von der Pflegeperson. Dem Selbst wird eine Erfahrung ermöglicht, daß es sich als „Zentrum eigener Initiative" erlebt, indem es eine oppositionelle Selbstbehauptung wagt. Dieser Entwicklung dieser Fähigkeit wird heutzutage öfters im Umgang mit Kindern zu wenig Beachtung geschenkt und dadurch nicht gefördert, was sich nachteilig für die Entwicklung von Eigenständigkeit auswirkt. Die Gefahr besteht, das Assertation nicht als solche angesehen, sondern als eine aggressive Handlung mißverstanden wird, weil es sich oftmals um gleiche Vorgänge handelt, die aber in ihrem Kontext gesehen etwas Unterschiedliches beinhalten. Durch die falsche Interpretation der Bezugsperson wird es dann dem Kind erschwert, seine Aktivitäten selbstbehauptend zu erlernen. Dadurch kann dann eine Aggressivität erwachsen, die es aber nicht von Beginn des Lebens an gibt, sondern die sich als Reaktion auf eine Hemmung dieser Aktivitäten entwickelt hat. Destruktivität leitet sich also nicht von einem Trieb ab, sondern entsteht im Laufe der Entwicklung unter ungünstigen Bedingungen.

Bis jetzt versuchte ich aufzuzeigen, daß bei häufigen Blockierungen von Zielen, bei Frustrationen, die durch ungelöste Konflikte verursacht werden, zunächst Aggression und dann Haß entsteht. Solche Konflikte resultieren aus dem Wunsch nach

Bindung und gleichberechtigt nach Autonomie. Wird mir beides nicht ausreichend gestattet, sondern nur das Eine oder das Andere, also entweder Bindung unter Aufgabe von Selbständigkeit oder Selbständigkeit ohne Nähe, dann erwächst daraus eine ständige Frustration, die mit der Zeit der Grund für eine dauerhafte feindselige Haltung werden kann. Diese feindselige Haltung, teilweise auch Haß führt dazu, daß das Selbstwertgefühl erhöht wird, wenn der Betroffene durch erfolgreiches haßvolles Handeln ein besonderes gehobenes Gefühl – praktisch einen „Kick", einen Nervenkitzel, erlebt. Dadurch können dann Ängste, Ohnmachts- oder Minderwertigkeitsgefühle bewältigt werden. Begleitet kann der Haß von Lust sein wegen der Stabilisierung des Selbstwertgefühls, was narzißtische Befriedigung bedeutet, welche immer wieder zu erreichen versucht wird. Dadurch bekommt der Mensch das Gefühl etwas bewirken zu können, sich zu spüren, und ist damit vorübergehend seiner inneren Leere entronnen, weshalb er dieses Verhalten aber immer wieder praktizieren wird. Dies kann auch durch sexuelle Handlungen bewirkt werden, wobei es dann nicht um sexuelle Wünsche, sondern um das Sich-Erleben handelt und darum, der inneren Leere zu entgehen. Diese innere Leere kann nur schlecht vom Menschen ausgehalten werden. Sie ist mit ein Grund für die verschiedensten auffallenden Verhaltensweisen von Menschen.

### 3. Täter und Opfer benötigen Tätigkeiten zur kurzfristigen Spannungsverminderung

Viele Menschen geraten im Verlauf sexueller Aktivitäten in einen Erregungszustand, in dem sie ganz kurzfristig nicht mehr wissen, wo und wer sie sind. Nach einigen Sekunden kommt dann das Individuum wieder zu sich selbst. Es kann sich dabei nur einen Moment lang um einen regressiven Zustand handeln, der dem ähnlich ist, den das Selbst erfahren hat, bevor es sich als Ganzheit in früher Kindheit konsolidierte. Einzelne Körperteile und bestimmte Körperempfindungen haben eine stärkere Beachtung erfahren als das gesamte Selbst. Dadurch wurden Phantasien, Affekte und Körperempfindungen intensiver erlebt.

Die Außenwelt wurde ein Stück weit vernachlässigt, und es erfolgte eine größere Hinwendung zum inneren Leben, was eine Regression, also eine kurzfristige Fragmentierung bedeutet. Solche Fragmentierungen im Verlauf von sexueller Erregung sind normalerweise lustvoll. Sie bewirken die Steigerung der Selbstempfindung und tragen dadurch zur Stärkung des Selbstwertgefühls bei. Wichtig dabei ist, daß das Individuum sich diesem Genuß intensiver sexueller Erregung überlassen kann. Es darf sich durch diese kurzfristige Regression nicht bedroht fühlen, es muß sich sicher und beschützt wissen, sonst kann es diese Fragmentierung nicht zulassen. Hat ein Kind in früher Kindheit erfahren, daß es in hoher affektiver Erregung unangemessen gedemütigt und zurückgewiesen wurde, muß es solche intensiven affektiven Situationen fürchten, weil es dabei traumatisch verletzt worden ist. Das kann dazu führen, daß dieser Mensch im Erwachsenenalter intensive sexuelle Affekte als gefährlich erlebt.

Wiederum eine andere Folge solcher Erfahrungen kann gerade zu sexualisiertem Verhalten führen. Vor allem dann, wenn dieser Mensch in seiner Kindheit Situationen mit einem bewunderten anderen erlebte, die mit Hilfe von sexuellen Phantasien, ihm zu teilweiser Kohärenz verhalf. Was heißt das? Wenn bei einem Menschen mit einem geschwächten Selbst sich Situationen abspielen, in denen er geringschätzig behandelt wird, dann kann er frühere Selbstobjekterfahrungen wiederholen, die mit sexuellen Betätigungen einhergingen und die für ihn angenehm waren, zum Beispiel Masturbationserfahrungen mit entsprechenden Inhalten. Dadurch nimmt er sich intensiver wahr, was es ihm ermöglicht, sich wieder psychisch neu zu ordnen. „Narzißtische Lüsternheit" (Wolf) dienen der Erhaltung von Integrität und Kohäsion des Selbst.

Bei beiden, Täter und Opfer, muß es sich um Menschen mit einem verminderten Selbstwertgefühl handeln. Sie fühlen sich häufig entleert. Beide benötigen Tätigkeiten zur kurzfristigen Spannungsminderung, die Versuche sind, die Verbesserung ihres Selbstwertgefühls zu bewirken. Was spielt sich zwischen Täter und Opfer beim Mißbrauch ab? Hier kommt es zu einem Konflikt zwischen der Behauptung des Selbst und dem Bedürfnis nach einem anderen, der bestimmte Wünsche erfüllen soll.

In der Selbstpsychologie wird von einer Entwicklungsphase der Intersubjektivität, die sich im Alter von 9–18 Lebensmonaten aufbaut, gesprochen. In dieser Zeit entdeckt ein Kind, daß es innere Erfahrungen mit einer anderen Person teilen und diese auch mit ihm kommunizieren kann. Benjamin begreift menschliche Entwicklung als einen ständigen Prozeß von Selbstbehauptung und Anerkennung, welche in jeder Beziehung ausbalanciert werden muß. Wenn diese Balance gelingt, spielt sich ein Gefühl wechselseitiger Anerkennung und emotionaler Einstimmung aufeinander ein. Dieses Miteinander gestaltet die Beziehung nicht nach den Gesetzen von Macht und Ohnmacht, sondern der andere wird anerkannt auch dann, wenn er schwach und hilflos ist. Jedes Entwicklungsstadium beinhaltet dieses Konfliktpotential von Selbstbehauptung und Anerkennung des anderen. In jeder Entwicklungsstufe kann das Kind unter günstigen Voraussetzungen seine Selbsttätigkeit und Eigenständigkeit entwickeln. Dies ist insgesamt ein gefährdeter Prozeß, weil das menschliche Wachstum unter dem grundsätzlichen Dilemma steht zwischen Stärke und Autonomie einerseits und Schwäche und Abhängigkeit andererseits. In der gesamten Zeit der kindlichen Entwicklung liegt die Verantwortung für die Balance von Selbstbehauptung und Anerkennung, also der Intersubjektivität, immer auf der Seite des Erwachsenen.

## 4. Die Bildung einer masochistischen Charakterstruktur beim Opfer

Wenn diese Balance mißlingt, dann löst das Individuum solche Konflikte mit Hilfe der Hierarchisierung, dem Gegensatz zur Anerkennung. Das bedeutet Macht und Unterwerfung.
Wie hilft das Kind sich dann? Es nimmt seine Zuflucht zu Allmachtsphantasien, um durch dieses Allmachtsgebaren seine Abhängigkeit zu verleugnen, weil es diese zu schmerzhaft erlebt. Es hält dieses Minderwertigkeitsgefühl nur dadurch aus, daß es sich größer und stärker macht und es kann dadurch kein realistisches, auf die Gemeinschaft bezogenes Selbstwertgefühl entwickeln.
Nach Benjamin entwickelt sich die Beziehungsstruktur des Sa-

dismus und Masochismus unter der Voraussetzung, daß das Kind ständig eine Polarisierung von Macht und Ohnmacht, also von Täter und Opfer, erlebt. Das führt dann zu der Strukturierung des sadistischen und masochistischen Charakters. Das Kind, das seine Selbstbehauptung, seine Ambitionen der Großartigkeit, die es erlebt, in die Beziehung zu dem anderen einfließen läßt, muß durch diese Person die Grenzen gesetzt bekommen. Dies muß der andere tun unter der Berücksichtigung der Abhängigkeitswünsche des Kindes. Dabei können Störungen auftreten, zum Beispiel daß das Kind zu sehr die Nachgiebigkeit der Eltern erlebt. Dann werden den Größenphantasien des Kindes aber auch seinen Angriffen, seiner Wut auf die Eltern, zu wenig entgegengesetzt. Das Kind setzt dann seine Angriffe immer weiter fort, um eine angemessene Grenzsetzung zu erfahren. Es will ja den andern nicht zerstören, das wäre aber der Fall, wenn ihm nicht Einhalt geboten würde, da es seine Grenzen noch nicht abschätzen kann. Es möchte den anderen erfahren, damit es seine physische und psychische Integrität erleben kann, was nur dadurch möglich wird, wenn der andere ihm erhalten bleibt, ebenso wie die zwischenmenschliche Beziehung überhaupt. Das dahinter liegende Motiv des sadistischen Kindes ist es, daß es zum anderen vordringt, um eine Resonanz zu erfahren. Es benötigt dieses Vordringen, damit es sich der Einsamkeit und Kälte, der eigenen Omnipotenz, nicht ausgeliefert fühlt. Ganz entscheidend für das positive Gelingen der Interaktion ist die Reaktion des Erwachsenen. Im ungünstigsten Falle kommt es zur Etablierung von masochistischen und sadistischen Verhaltensweisen.

Wie sieht nun die masochistische Charakterstrukturbildung aus, welche die Voraussetzung für die Opferpersönlichkeit ist? Dieses Kind erfährt bei seinen Ablösungsbestrebungen wenig Verständnis. Es erlebt mehr, daß der andere sich abwendet oder es straft. Um die Bindung, die es benötigt, zu erhalten, muß es sich unterwerfen, sich zu sehr anpassen und willfährig sein. Diese Beziehung gestaltet sich dann so, daß das Kind seine Subjektivität aufgeben muß. Es darf seine Wut, die es in der Interaktion mit dem andern erlebt, nicht zeigen. Es richtet sie gegen sich selbst und erlebt seine Abhängigkeit und gleichzeitig den Wunsch sich zu trennen. Zwischen diesen beiden Polen wird es hin- und hergerissen. Dabei erfährt es Scham wegen seiner Abhängigkeit und Schuld wegen seines Wunsches nach Trennung. Diese Macht-Ohnmachtsituation, wenn sie erhalten bleibt, führt dazu, daß sich das Ganze in der Phantasie auslebt mit Hilfe von Allmachtserleben. Diese innerpsychische Allmacht bedeutet die Nichtdifferenzierung zwischen dem Selbst und dem anderen. Diese Beziehung drückt sich aus in Machtansprüchen und Verschmelzungswünschen. Ständige Machtkämpfe und Entwertungen folgen daraus. Macht und Ohnmacht sind mit Schamgefühlen und die Minderwertigkeitsgefühle, die daraus folgen, sind mit Schuldgefühlen gekoppelt.

## 5. Scham- und Schuldgefühle

Einerseits ist die Möglichkeit, überhaupt Scham- und Schuldgefühle zu entwickeln, hilfreich dafür, daß der Mensch sein Machtstreben sozial akzeptabel gestaltet. Diese Affekte dienen als Machtschranken. Die Scham wacht über die Grenzen des Privaten und der Intimität und schützt damit die Identität und Integrität. Der Affekt der Scham ist ein Indikator dafür, daß die Würde und der Wert der Persönlichkeit in Gefahr geraten, verloren zu gehen. Neben dieser Schutzfunktion sichert die Scham durch soziale Anpassung an die Werte und Ideale die Zugehörigkeit zu einer gesellschaftlichen Gruppe. Die Scham regelt die Nähe und Distanz zur Gruppe. Die Fähigkeit zur Scham schützt das Individuum vor Isolation und Bloßstellung und gibt ihm Anzeichen, wenn es gefährdet ist, gegen soziale Normen und Werte zu verstoßen.

Schuldgefühle haben die Aufgabe, die Machtausdehnung zu begrenzen. Sie treten dann auf, wenn das Individuum gegenüber dem Objekt zu weit gegangen ist, es übergriffig wurde, eine Grenzverletzung begangen hat. Gleichzeitig wird dadurch das Objekt auch vor einem Übergriff geschützt.

Scham- und Schuldgefühle sind als Regulativ für soziale Interaktionen wichtig. Zwischenmenschliche Beziehungen werden durch sie geschützt, sie helfen mit, die Integrität des Selbst und des anderen zu beachten, das heißt sie unterstützen die Selbstbehauptung und gleichzeitig die Anerkennung des anderen.

Intersubjektivität steht im Gegensatz zur Allmacht. Wenn in der Entwicklung eines Kindes die Beziehung zu ihm weitgehend durch Allmacht gestaltet wird, dann entsteht traumatische Schuld und Scham. Traumatische Schuld dann, wenn im motorisch-expansiven Bereich des Kindes durch ärgerliche und haßvolle Zurückweisungen Verletzungen erfolgen. Traumatische Scham wird ausgelöst, wenn die Wünsche und Bedürfnisse nach Selbstausdruck, Kommunikation und Wahrnehmung, Verachtung erfahren, und sie radikal abgelehnt werden (Wurmser 1990). Das Gewissen empfindet Scham und Schuld, wenn das Selbst seinen Ich-Idealen, also seinen Normen und Werten, nicht genügt. Dann besteht die Gefahr, daß sich das Kind in Allmachtsphantasien flüchtet. Da es sonst die Selbstverachtung, die mit schlimmen Minderwertigkeitsgefühlen einher geht, nicht ertragen kann, müssen sie mit diesen Allmachtsphantasien kompensiert werden. Das Erleben absoluter Scham und Wertlosigkeit führt dazu, daß im späteren Leben das Selbst als dreckig, verdorben und nicht berührbar erlebt wird. Um dieses Erleben herum bilden sich Verhaltensweisen aus, die dieses Sich-nicht-wert-genug-Fühlen, Nicht-geliebt-Werden, abwehren helfen und gleichzeitig als Schutzfunktion fungieren, damit keine weitere Scham und Schuld mehr entstehen soll. Dadurch kommt es zu einem nicht auflösbaren Konflikt, weil der Wunsch nach Selbstbehauptung und Anerkennung nicht erfüllbar wird. Zu den eigenen Bedürfnissen nach Selbstverwirklichung kann keine positive Einstellung gefunden werden. Zurück bleiben das Gefühl von Erniedrigung und Minderwertigkeit. Wenn durch die Familie dann auch noch eine Beschämung in Form von Bloßstellung wegen der Selbstbehauptungswünsche erfolgt, dann entsteht das Gefühl von hilflosem Ausgeliefertsein. Die Scham über die Abhängigkeit führt wiederum zur Selbstverachtung. In jeder weiteren zwischenmenschlichen Beziehung wird dieses Beziehungsmuster wieder aktualisiert, d. h. wir können diese Macht – Ohnmachtbeziehung erneut beobachten.

# 6. Negative Auswirkungen hierarchischer Strukturen

Die weitere Problematik, die durch das Thema sexueller Mißbrauch in der Kirche aufgeworfen wird, möchte ich nur ganz
kurz aufgreifen. Aus dem Vorgenannten wird erkennbar, daß
eine Täter- oder eine Opferpersönlichkeit, die unter diesen psychischen Beeinträchtigungen leidet, dann, wenn sie sich im
kirchlichen Bereich bewegt oder dort angestellt ist, mit Strukturen, die hierarchisch organisiert sind, konfrontiert ist. Solche
vorgeprägten Personen, die unter dem Mangel an Intersubjektivität leiden, denen die Anerkennung und die Eigenständigkeit versagt wurde, erfahren in ihrer Berührung mit der Institution Kirche wiederum ähnliche Strukturen. Es besteht
dadurch leicht eine verführerische Situation, sich ähnlich zu
verhalten wie bisher, sich einerseits zu unterwerfen und andererseits sich mit den nicht gelebten Allmachtsphantasien Be-
reiche zu erschließen, die im Rahmen der Tätigkeit eine Möglichkeit des Ausagierens zulassen. Das Unterwerfen und sich
schuldig fühlen, was implizit in der christlichen Lehre enthal-
ten ist, verschärft diese Thematik noch um ein weiteres. Die
Sehnsucht, die eine solche Persönlichkeit vielleicht gerade durch
die Möglichkeit der Gnade, die auf die Vergebung hoffen läßt,
hat, verhindert eine wirkliche Auseinandersetzung mit der
Grundproblematik. Sie kann sich keine andere Konfliktlösung
als die bisher bekannte, zunächst Erfahrung der Schuld und
Scham, danach Flucht in Allmachtsgebaren, weil man die Minderwertigkeitsgefühle nicht aushalten kann, vorstellen. Danach
folgen wieder Schuldgefühle, die mit weiteren Konflikten einhergehen und die wiederum zu vernichtenden Entwertungs-
gefühlen führen werden. Dieser circulus vitiosus scheint mir
nur schwer einer Lösung zuzuführen zu sein. Vielleicht kann
weitere Forschung in diesem Bereich dazu verhelfen, dieses Problem theoretisch und praktisch noch weiter zu beleuchten.


# 7. Schluß

Diese Psychodynamik, die ich aufgezeigt habe, liegt meines Erachtens bei der Täter- und Opferpersönlichkeit zugrunde. Das

bedeutet aber nicht zwangsläufig, daß jeder, der diese Problematik hat, nun auch zum Täter oder zum Opfer werden muß. Es gibt sicherlich viele Möglichkeiten, sich mit Hilfe von anderweitig stützenden Maßnahmen zu helfen, mit meiner inneren Leere soweit fertig zu werden, daß ich nicht im sexuellen Mißbrauchsgeschehen involviert sein muß. Die vorgenannten Überlegungen sind ein Versuch, die Psychodynamik dieses Personenkreises, der sexuellen Mißbrauch vollzieht oder erlebt, aus psychoanalytischer Sicht zu klären.

**Literatur**

Benjamin, J., *Die Fesseln der Liebe – Psychoanalyse, Feminismus und das Problem der Macht*, Frankfurt/Main 1996

Dornes, M., *Die frühe Kindheit – Entwicklungspsychologie der ersten Lebensjahre*, Frankfurt/Main 1997

Kohut, H., *Die Heilung des Selbst*, Frankfurt am Main 1979

Kohut, H., *Auf der Suche nach dem Selbst*, München 1993

Lichtenberg, J., *Haß im Verständnis der Selbstpsychologie. Ein motivationssystemischer Ansatz*, in: Ch. Schöttler u. P. Kutter (Hrsg.), *Sexualität und Aggression*, Frankfurt am Main, 1992

Wolf, E., *Narzißtische Lüsternheit und andere Schicksale der Sexualität*, in: Ch. Schöttler u. P. Kutter (Hrsg.), Sexualität und Aggression, Frankfurt am Main 1992

Wolf, E., *Theorie und Praxis der psychoanalytischen Selbstpsychologie*, Frankfurt am Main 1996

Wurmser L., *Die Maske der Scham*, Berlin 1990

## 2. Kapitel
## Therapeutische Hilfe

*Mollie Brown*
## Vom Opfer zum Überlebenden: Die Behandlung von Erwachsenen, die als Kinder sexuell mißbraucht wurden

### 1. Eine persönliche Identität, die auf Scham beruht

*Als Schwester Ruth zu uns ins Spirit House, eine therapeutische Einrichtung für Ordensfrauen, kam, war ihr Verhalten steif und kontrollierend. Sie erzählte allen, wie man beten müsse und erwartete, daß man ihren Anweisungen Folge leistete. Immer trug sie den Habit und wünschte, keine der anderen Frauen anders gekleidet zu sehen. Ihre Haltung gegenüber der Gemeinschaft war kritisch, sie verurteilte die anderen, wenn sie – was unausweichlich war – ihren perfektionistischen Ideen nicht entsprachen. Sie mußte die Kontrolle haben.*
*Andererseits hielt Ruth ihr Privatleben geheim. In unseren Kleingruppensitzungen erzählte sie wenig über sich selbst. Auch nach einigen Monaten war niemand ihr nahe gekommen. Sie hielt die anderen auf Distanz und „schützte" ihre innere Welt durch ihren Perfektionismus, ihre Strenge und Kontrolle. Aber sie war sehr einsam.*
*Die Wahrheit ist, daß Schwester Ruth in ihrer Kindheit ein Opfer von sexuellem Mißbrauch geworden war. Sie war abwechselnd von ihrem Vater, ihrem Bruder und ihren Onkeln mißbraucht worden. Wie auch für andere Opfer von sexuellem Kindesmißbrauch war die Welt für sie ein unsicherer Ort. Ihre Härte, ihr Perfektionismus und ihr Bedürfnis nach Kontrolle waren nichts anderes als Verteidigungsstrategien, die ihr halfen, die gewaltige innere Traumatisierung nicht zu spüren.*
*Langsam und unter vielen Mühen begann Ruth, ihre Strenge*

*und ihre Forderungen an andere teilweise loszulassen. Auch ihre innere Welt begann sich zu lockern; als Zeichen dieser Veränderung erschien sie manchmal in Zivilkleidung in der Gemeinschaft. Und sie begann, in den Kleingruppen ein wenig über sich selbst zu erzählen. Diese Veränderungen wirkten vielleicht minimal, aber für sie waren es anstrengende und wichtige Schritte nach vorn.*

*Als sie sich den anderen Mitgliedern der Gemeinschaft gegenüber zu öffnen begann, hatte Schwester Ruth zunächst Angst. Sie erwartete, daß man ihr mit Abscheu und Ablehnung begegnete. Aber dann war sie überrascht, als sie merkte, daß die anderen sie immer noch mochten und zu ihr hielten. Schließlich offenbarte sie den finsteren, inneren Schrecken ihrer Mißbrauchsgeschichte. Auch trat sie einer Selbsthilfegruppe bei, den Survivors of Incest Anonymous. Schließlich kehrte Schwester Ruth in ihre Ordensgemeinschaft zurück und ist jetzt auf dem Weg zu einem neuen Leben als Überlebende einer Inzesterfahrung, nicht als Opfer.*

In den vergangenen Jahren war das verbreitetste „offensichtliche Problem" der Frauen im Spirit House die Depression. In jüngster Zeit trat ein anderes Problem bei unserer Arbeit in den Vordergrund: der sexuelle Mißbrauch in der Kindheit der Ordensfrauen. Ungefähr die Hälfte aller Frauen, die in unsere therapeutische Gemeinschaft kommen, sind Opfer einer solchen Mißbrauchserfahrung.

Im allgemeinen wird davon ausgegangen, daß eine von drei oder vier Frauen in Nordamerika bis zum Alter von achtzehn Jahren sexuell mißbraucht wird. Bei Ordensfrauen mag dieser Prozentsatz sogar noch höher liegen. Aber die wichtigste Botschaft dieses Kapitels ist, daß Erwachsene, die als Kinder sexuell mißbraucht worden sind, nicht *Opfer* bleiben müssen. Wie Schwester Ruth haben sie die Chance, sich zu *Überlebenden* zu entwickeln, mit neuer Kraft, neuem Verständnis und neuem Mitgefühl.

Bis zu den späten siebziger Jahren gab es kaum Studien über sexuellen Mißbrauch, Inzest und die andauernden Symptome, mit denen die Opfer leben. Diese Schweigejahre werden auch „Zeit der Leugnung" genannt. Dieser Name beschreibt zutreffend den Mangel an Bewußtsein und Behandlungsmöglichkeiten für die Opfer von Kindesmißbrauch. Die Frauenbewegung und Fernsehfilme, die sexuellen Mißbrauch zum Thema hatten, gaben den Kindern, ihren Eltern und den erwachsenen Überlebenden den Mut, den Anfang zu machen und ihre Wahrheit auszusprechen.

Trotz einer solchen Ermutigung litten die Überlebenden immer noch unter einem weiteren Trauma, genannt die „zweite Verwundung". Butler (1978) verwendete diesen Begriff um den Schmerz zu beschreiben, der auftritt, wenn die Institutionen oder Menschen, an die sich die Opfer um Hilfe wenden, nicht reagieren. Der Schmerz dieser „zweiten Verwundung" resultiert aus dem immer wieder erlebten Mangel an Akzeptanz oder Hilfe seitens derjenigen Erwachsenen, denen die Wahrheit über den Mißbrauch anvertraut wurde. Dies führt dazu, daß das Opfer eine persönliche Identität entwickelt, die auf Scham beruht.

Bradshaw (1988) bemerkt, daß eine solche auf Scham basierende Identität die Entwicklung eines Kindes lähmt. Er geht davon aus, daß die Betroffenen niemals frei der Welt gegenübertreten können, falls keine intensive psychologische Arbeit erfolgt, um von der Scham loszukommen. Dabei muß das Opfer sich mit mindestens zwei Arten des Mißtrauens auseinandersetzen: dem Vertrauen, das der Täter mißbraucht hat, und dem Vertrauen, das der Erwachsene verletzt hat, von dem das Kind zu Recht Hilfe erwartete.

## 2. Die post-traumatische Belastungsstörung

Courtois (1988) und ihre Kollegen erkannten bereits im Jahr 1981 die posttraumatische Belastungsstörung als die angemessenste Klassifizierung für das, was sie im Cleveland State University Counseling Center sahen. Damals war diese Bezeichnung für Vietnamveteranen reserviert. Doch sie traf auch für diejenigen ihrer StudentInnen zu, die als Kinder sexuell mißbraucht worden waren.

Das Diagnostic and Statistical Manual of Mental Disorders (DSM III–R 1987) listet die Kriterien auf, die für die Anwendung einer vorgegebenen Klassifizierung notwendig sind. Die posttrau-

44

matische Belastungsstörung entspricht eindeutig den Symptomen des erwachsenen Überlebenden von sexuellem Mißbrauch. Zu den Kriterien gehören unter anderem folgende Faktoren:

1. Die Person hatte ein Erlebnis, das außerhalb der normalen menschlichen Erfahrung liegt und beinahe jedem Menschen Qual bereiten würde.

2. Die traumatische Erfahrung wird andauernd wiedererlebt, und zwar auf mindestens eine der folgenden Arten:
   a) wiederkehrende, zwanghafte Erinnerung an das Ereignis;
   b) wiederkehrende, quälende Träume von dem Ereignis;
   c) plötzliches Handeln oder Fühlen, als kehre das Ereignis wieder;
   d) starke seelische Qual bei Ereignissen, die einen Aspekt des traumatischen Erlebnisses symbolisieren oder repräsentieren, einschließlich der Jahrestage des Erlebnisses.

3. Andauernde Vermeidung von Reizen, die mit dem Trauma assoziiert werden, oder eine generelle Reaktionsverminderung (die vor dem Trauma nicht vorhanden war), indiziert durch mindestens drei der folgenden Faktoren:
   a) Bemühungen, die mit dem Trauma in Verbindung gebrachten Gedanken oder Gefühle zu vermeiden;
   b) Bemühungen, Aktivitäten oder Situationen zu vermeiden, die Erinnerungen an das Trauma hervorrufen;
   c) Unfähigkeit, sich an einen wichtigen Aspekt des Traumas zu erinnern (psychogene Amnesie);
   d) deutlich vermindertes Interesse an wichtigen Aktivitäten;
   e) Gefühl der Distanz oder Entfremdung von anderen;
   f) eingeschränktes Gefühlsleben;
   g) Gefühl einer beschnittenen Zukunft, z. B. erwartet der Betroffene, keinen Erfolg im Beruf haben zu können, nie eine Ehe zu schließen, keine Kinder zu bekommen, nicht lange zu leben.

4. Andauernde Symptome gesteigerter Erregung (die vor dem Trauma nicht vorhanden waren), indiziert durch mindestens zwei der folgenden Faktoren:
   a) Probleme mit dem Ein- oder Durchschlafen;
   b) Reizbarkeit oder Wutausbrüche;

c) Konzentrationsstörungen;

d) übertriebene Wachsamkeit;

e) übertriebene Schreckreaktionen;

f) physiologische Reaktionen auf Ereignisse, die einem Aspekt des traumatischen Erlebnisses ähneln oder diesen symbolisieren (DSM III–R 1987).

*Kathy kam aus einer Familie, in der die jüngste Tochter traditionell „Freiwild" für alle männlichen Verwandten war. Seit sie sich erinnern konnte, wurde sie von ihrem Vater, ihren Onkeln und Brüdern mißbraucht. Ihre Mutter wußte von dem Mißbrauch, aber auch sie war einst die jüngste Tochter gewesen. Kathys Mutter gab ihr keinen Schutz und verursachte so eine „zweite Verwundung". Stattdessen erhielt Kathy die Botschaft, es sei eben so wie es sei, und sie sollte froh sein, daß es nicht noch schlimmer käme.*

*Im Alter von sechzehn Jahren kam Kathy in unser Beratungsbüro. Sie drückte sich vage aus, sprach zögernd und konnte sich an wenig erinnern. Manchmal hyperventilierte sie, doch ihr Ausdruck war so abgestumpft, daß man nur schwer verstehen konnte, was mit ihr geschah. Der Hyperventilation folgte eine „Bewußtseinsspaltung", wobei sich Kathys Bewußtsein von den schmerzhaften Erinnerungen distanzierte. Dann zog sie sich in eine selbstgeschaffene Welt zurück, in der sie sich sicher fühlte.*

*Als Kathy mit der Behandlung begann, wurde deutlich, daß sie keinerlei Pläne für die Zukunft hatte. Wenn sie leben konnte, würde sie genug Geld verdienen, um essen zu können. Aber sie hatte weder Hoffnung noch Pläne für irgendetwas anderes.*

*Kathy litt unter der posttraumatischen Belastungsstörung, die im DSM III-R beschrieben ist. Vom eigenen Vater, von den Onkeln und Brüdern mißbraucht zu werden, ist wahrlich eine Erfahrung, die „beinahe jedem Menschen Qual bereiten würde". Als in ihr die Erinnerungen an den Mißbrauch auftauchten, erlebte sie „intensive seelische Qual", geprägt durch die Hyperventilation und die darauffolgende Abspaltung. Letztere war ein Versuch, „mit dem Trauma in Verbindung gebrachte Gedanken oder Gefühle zu vermeiden". Kathys stumpfer Ausdruck belegte ihre „Entfremdung von anderen". Das Fehlen von Zukunftsplänen rührte schließlich von ihrem „Gefühl, eine beschnittene Zu-*

*kunft vor sich zu haben". Sie hatte keine Hoffnung auf ein langes Leben oder eine hoffnungsvolle Zukunft.*

## 3. Einige Zeichen von Mißbrauch in der Kindheit, die sich bei Erwachsenen manifestieren

Ein Weg, sich selbst für die Möglichkeit zu sensibilisieren, daß man mit einem erwachsenen Opfer von Kindesmißbrauch zusammenlebt oder arbeitet, ist der Blick auf die vier Aspekte der menschlichen Persönlichkeit. Der Mensch ist ein beziehungsorientiertes, physisches, soziales und spirituelles Wesen. Diese Kategorien schließen sich nicht gegenseitig aus. Geht es um die Spiritualität eines oder einer Überlebenden, so steht damit in engem Zusammenhang, wie diese Person sich auf andere Menschen bezieht. Und da Beziehung sich mit dem Leib und durch den Leib manifestiert, wirken auch die physischen und sozialen Aspekte mit hinein. Diese Kategorien ermöglichen es uns jedoch, die vielen verschiedenen Symptome zu betrachten, die bei einem erwachsenen Mißbrauchsopfer möglicherweise auftreten.

*a. Beziehungsprobleme*

Ein charakteristisches Beziehungsproblem eines erwachsenen Überlebenden von Kindesmißbrauch ist das Gefühl einer Leere im Leben. Manchmal wird dies auch als Mangel an Elan oder Lebensfreude beschrieben. Unterhält man sich mit diesen Opfern, so spürt man, daß es ihnen an Reaktionsbereitschaft und Resonanz fehlt. Kathy hatte beispielsweise keine Ziele, keine Zukunft und einen stumpfen Gesichtsausdruck. Ihr Leben fühlte sich leer an.
Trotz des „leeren Blicks" kann Wut und Zorn in einem Opfer aufflammen. Häufig kann man den Auslöser für diese Wut nicht identifizieren, auch die betroffene Person selbst kennt den Grund nicht. Eine psychogene Amnesie blockiert möglicherweise jedes Gefühl, jede Erinnerung an die zugrundeliegende Ursache. Das Opfer ist sich seiner seelischen Verletzung manchmal überhaupt nicht bewußt.
Andere Menschen fürchten sich jedoch häufig vor der heftigen

Wut des Opfers. Um ihrer eigenen Sicherheit, um ihres Wohlbe-
findens willen ziehen sie sich womöglich zurück, woraufhin das
Opfer sich verlassen und isoliert fühlt – ein weiterer Beitrag zu
seiner Verletzung. Dadurch kann wiederum neue Wut ausgelöst werden. Es kommt zu einem zyklischen Muster aus Verletzung – Wut – Isolation.

Zu Beginn eines solchen Musters isoliert sich das Opfer häufig
von anderen und beginnt, sich selbst „niederzumachen". Dies
bedeutet, sich selbst vor anderen klein zu machen, sich durch
innere, destruktive Selbstgespräche zu verurteilen. Äußerlich
kann dies dadurch symbolisiert werden, daß das Opfer sich
schneidet, verbrennt, versucht, sich umzubringen oder anderes
Selbstbestrafungsverhalten an den Tag legt. Das „Sich-Nieder-
machen" ist häufiger bei Frauen als bei Männern zu beobachten. Diese neigen eher dazu, „auszuagieren," werden straffäl-
lig, gewalttätig, mißbrauchen oder töten sogar. Beide Verhal-
tensformen verstärken die auf Scham beruhende Identität des
Opfers und ziehen die nach unten gerichtete Spirale immer en-
ger zusammen.

Da die normalen Geschehnisse des Alltags Erinnerungen an das
Trauma auslösen können, bemüht sich das Opfer um den Er-
halt einer stabilen Umgebung, damit keine schmerzhaften Erinnerungen an die Vergangenheit hochkommen können. Also
müssen alle Facetten des Lebens kontrolliert werden. Bei unbe-
lebten Dingen mag dies möglich sein, aber die meisten Menschen lassen sich nur ungern kontrollieren. Da aber die Kontrolle offenbar eine Grundbedingung für die Sicherheit des
Opfers ist, andere sich ihr jedoch zu entziehen suchen, gerät
das Opfer in Panik. Diese wandelt sich in Wut, und der Teufelskreis setzt sich fort.

### b. Physische Probleme

Das erwachsene Opfer wird sich nicht nur bemühen, seine zwischenmenschlichen Beziehungen zu kontrollieren, sondern auch
die physische Dimension. Charakteristisch hierfür sind Sucht-
verhalten, Eßstörungen oder Fettleibigkeit. Ein Mädchen, das
von einem Erwachsenen sexuell mißbraucht wurde, hat vielleicht von seiner Mutter gehört, daß „es selbst es so gewollt hat".

Das Kind lernt bald, daß es sich in Sicherheit befindet, wenn es fett und häßlich ist, denn die Männer mögen keine fetten Frauen. Fett sein bedeutet also, es nicht mehr „so zu wollen".

*Als Schwester Joan zur Behandlung kam, war sie sehr dick. Als Kind war sie häufig von ihrem Großvater mütterlicherseits mißbraucht worden. Ihr Vater war Alkoholiker, und bei ihrer Mutter waren etliche körperliche Beschwerden diagnostiziert worden, die alle mit Streß in Verbindung standen. In der Therapie sagte Joan schließlich: „Ich habe dieses Geheimnis so lange bewahrt, es hat mich krank gemacht. Ich werde nicht länger krank sein." Als sie begann, die Dysfunktion ihrer inzestuösen, alkoholkranken Familie zu begreifen, nahm sie ab und kehrte zu ihrer eigenen Figur zurück.*

Für das eine Opfer heißt der Ausweg Fettleibigkeit, für das andere Anorexie oder Bulimie. Durch die Weigerung zu essen, oder aber durch Essen und Erbrechen kontrolliert eine Frau ihren Körper. Dieses Gefühl kann wichtig für sie sein – während der Mißbrauchserfahrung hatte sie keinerlei Kontrolle. Zwar sind diese „niedermachenden" Verhaltensweisen selbstzerstörerisch und können fatale Folgen haben, aber die oder der erwachsene Überlebende ist geblendet durch die überwältigende Sehnsucht, den eigenen Körper zu beherrschen.

Andere erwachsene Überlebende werden vielleicht drogen- und/oder alkoholsüchtig beim Versuch, die Erinnerungen und den Schmerz zu beruhigen. Wenn die psychogene Amnesie nicht ausreicht, betäuben Drogen und Alkohol die Schmerzen. Manchmal werden diese Substanzen bewußt eingesetzt, manchmal fallen die Opfer einfach in die dysfunktionalen Muster ihrer Familien zurück: Drogen- und Alkoholmißbrauch tritt in den Familien der Opfer häufig auf.

Wenn das „niedermachende" Verhalten nicht genügt, um den inneren Aufruhr unter Kontrolle zu bringen, beginnt das Opfer womöglich, sich in der weiteren sozialen Dimension seines Lebens „auszuagieren".

## c. Soziale Symptome

Die sozialen Symptome erwachsener Überlebender können von extremem Rückzug und Isolation bis zu Verhaltensweisen reichen, mit denen gegen die Gesellschaft rebelliert wird. Jakubiak (1987) nennt Inzest und jeden anderen sexuellen Mißbrauch eine Vertrauensverletzung. Kinder vertrauen darauf, daß die Erwachsenen in ihrer Umgebung sie schützen. Die Verletzung dieses Vertrauens ist das große Trauma des Inzests. Es ist kaum unangemessen, daß die Überlebenden „ausagieren". Manchmal geschieht dies bewußt, zumeist sind die Motive jedoch verborgen und dem Überlebenden selbst nicht bekannt.

So sind Drogen nicht die einzige Möglichkeit, den Schmerz zu vergessen, es kann auch zur Auflehnung gegen die Erwachsenen kommen, die das Kind verraten haben. Sexuelles Ausleben und Promiskuität können ebenfalls Zeichen der Rebellion gegen Familie und Gesellschaft sein. Vielleicht versucht das Opfer auch, die Kontrolle darüber zu haben, wer seinen Körper „benutzt" und wann dies geschieht, anstatt willenlos einem Mißhandler ausgeliefert zu sein.

## d. Spirituelle Symptome

Alle der obengenannten Kategorien, die beziehungsorientierten, physischen und sozialen, wirken zwangsläufig auf die spirituelle Dimension des Opfers ein. Das Gottesbild und Gottesverständnis eines Kindes wird durch die Erwachsenen geprägt, die in seinem Leben eine wichtige Rolle spielen.

Daher berichten die Opfer häufig, sie könnten nicht beten. Frauen, die von Männern mißbraucht wurden, haben oft Schwierigkeiten mit einem männlichen Gottesbild. Beim Versuch, vor jeglicher Maskulinität zu fliehen, gehen sie möglicherweise ins andere Extrem und betrachten Gott ausschließlich als weiblich. Auch mit Jesus können einige Überlebende nichts anfangen, weil er ein Mann ist.

Wenn ein Kind lernt, daß man den Erwachsenen nicht trauen kann, ist es höchst unwahrscheinlich, daß es Gott zu vertrauen lernt. Hat ein Mädchen die Erfahrung gemacht, daß niemand ihr glaubt und daß ihre Identität auf Scham beruht, so ist sie voller Angst vor einem unbekannten Gott. Ohne ein Gefühl der eigenen Integrität entwickelt zu haben, ohne Werte, die als Führer für die spirituelle Reise dienen, fühlt sich der oder die Überlebende häufig alleingelassen oder verloren.

## 4. Charakteristische Symptome bei Erwachsenen, die als Kinder sexuell mißbraucht wurden

*Persönliche/beziehungsorientierte Symptome*
- Mangel an Elan oder Lebensfreude
- psychogene Amnesie bezüglich Kindheitsereignissen
- Suizidgedanken und/oder -verhalten
- Selbstverletzungen (z. B. Schneiden, Verbrennen, Verletzen)
- rigides oder kontrollierendes Verhalten
- Depression und/oder Angst
- geringe Selbstachtung, Unfähigkeit, anderen zu vertrauen

*Physische Symptome*
- Alkohol/Drogenmißbrauch oder Sucht
- Sexuelle Störungen (z.B. Frigidität oder Sexsucht)
- Eßstörungen (z.B. Fettleibigkeit, Anorexie, Bulimie)
- Magen- Darm-Störungen (z.b. Unterleibschmerzen, Appetitlosigkeit, Verstopfung)
- Muskelverspannungen (z. B. Schmerzen in Kopf, Rücken, Brustraum, Verspannungen in Armen oder Beinen)
- Schlafstörungen

*Soziale Symptome*
- Isolation oder Rückzug
- Straffälligkeit oder unsoziales Verhalten
- Tötungsimpulse oder -handlungen
- sexuelles Ausagieren (z.b. Promiskuität)
- Erfolgszwang
- Arbeitssucht

*Spirituelle Symptome*
- Unfähigkeit zu beten
- irrationale Furcht vor Gott
- Gefühl einer drohenden Strafe von Gott, für die der Grund nicht bekannt ist

- Unfähigkeit, mit dem männlichen Aspekt Gottes oder Jesu umzugehen (bei Frauen, die von Männern mißbraucht wurden)
- Richtungslosigkeit auf dem spirituellen Weg, Gefühl des Verlorenseins oder der Hoffnungslosigkeit

Kurz gesagt: ein Erwachsener, der als Kind mißbraucht wurde, kann viele oder wenige Symptome zeigen, die auf zugrundeliegenden traumatischen Streß hinweisen. Man sollte beachten, daß sämtliche obengenannten Symptome nicht nur auf Kindesmißbrauch bei erwachsenen Überlebenden hinweisen können, sondern auch auf eine Vielzahl anderer Störungen. Sie können außer bei sexuellem Mißbrauch in der Kindheit auch bei anderen post-traumatischen Belastungsstörungen auftreten. Finden sich solche Symptome, sollte man jedoch offen für die Möglichkeit sein, daß der oder die Betroffene in der Vorgeschichte sexuell mißbraucht worden ist.

## 5. Einige bei der Behandlung auftretende Themen

Da ein sexueller Mißbrauch auf alle Dimensionen eines Menschenlebens einwirkt, seien sie beziehungsorientiert, physisch, sozial oder spirituell, müssen all diese Gebiete während der Behandlung angesprochen werden.

### a. Wiederherstellung des Vertrauens

Nachdem der zerstörerischste Aspekt eines sexuellen Mißbrauchs in der Kindheit der Verrat des Vertrauens ist, hat die Neubildung dieses Vertrauens bei der Behandlung höchste Priorität. Jeder Schritt, der den Opfern zu erkennen hilft, daß sie Erwachsenen vertrauen können, ohne von ihnen mißbraucht zu werden, ist ein Stein für die Brücke zur Heilung. Für die Opfer ist es wichtig, zu lernen, daß sie sich keinem Mißbrauch mehr unterwerfen müssen, obschon sie in der Kindheit dazu gezwungen worden waren. Das Vorbild des Therapeuten, der ein gesundes Verhalten zeigt und die Rechte anderer achtet, kann für die Opfer zu einem kraftvollen Beispiel werden. Sie müssen lernen, daß eine andere Lebensweise möglich ist.

Das Alter, in dem es zum Mißbrauch kam, ist maßgeblich für die Entwicklung des Opfers. Wenn er vor der Pubertät geschah, nimmt das erwachsene Opfer möglicherweise seine Umwelt durch die Brille eines „präkognitiven Glaubenssystems" wahr. So sind beispielsweise *Kinder von Natur aus auf sich selbst zentriert und betrachten sich als verantwortlich für Ereignisse, die außerhalb ihrer Kontrolle liegen.* Erwachsene, die als Kinder mißbraucht wurden, fühlen sich häufig dafür verantwortlich. Sie machen sich andauernd Vorwürfe und haben wenig Selbstachtung. Der Therapeut will die Überlebenden ermutigen, ein gesünderes Glaubenssystem zu entwickeln und ihr Selbstwertgefühl neu aufzubauen.

Handelt es sich bei dem Opfer um ein Mädchen, das im Teenageralter mißbraucht wurde, darf man davon ausgehen, daß ihr Glaubenssystem bereits stärker entwickelt war, und kann diese reiferen Glaubensaspekte einsetzen, um mit dem Mißbrauch und seinen streßbezogenen Symptomen umzugehen. Dadurch, daß sie allmählich lernt, ihrem/r TherapeutIn zu vertrauen, fällt es ihr leichter, die Traumata zu offenbaren und hinter sich zu lassen.

Hat jedoch das betroffene Mädchen eine Entwicklungsstörung, wird es ihr schwerer fallen, anderen vertrauen zu lernen. Bei der Arbeit mit entwicklungsgestörten Personen ist es wichtig, ihnen dabei zu helfen zu lernen, daß sie denjenigen vertrauen können, die sich um sie kümmern. Es hängt vom Grad der Retardierung ab, ob es sinnvoll ist, die Betroffenen zu ermutigen, sich über die traumatischen Ereignisse zu äußern. Vielleicht ist es für das Opfer zu anstrengend, sich zu erinnern und den Mißbrauch zu rekonstruieren. Langfristig bleibt das Therapieziel jedoch dasselbe: die Wiederherstellung des Vertrauens.

Idealerweise beginnt die Behandlung so bald wie möglich nach der Mißbrauchserfahrung. Einige Überlebende sagen, der therapeutische Prozeß dauere so lange wie der Zeitraum zwischen dem Mißbrauch und dem Therapiebeginn. Durch den frühen Beginn der Behandlung können Rückfälle in die Opferrolle vermindert oder vermieden werden. Je mehr Zeit zwischen dem Trauma und dem Behandlungsbeginn liegt, desto mehr an Lebensgeschichte muß bearbeitet und in einen neuen Zusammenhang gestellt werden. Die Erinnerungen an das Trauma und das Fehlverhalten, das zum Schutz vor erneutem Mißbrauch entwickelt wurde, müssen angesprochen und überwunden werden, damit ein gesünderer Lebensstil gefunden werden kann.

## b. Der Weg vom Opfer zum Überlebenden

Entscheidungen, die im Erwachsenenalter, jedoch vor der Behandlung des/der Überlebenden getroffen wurden und die zu einer nur ungenügend angepaßten Lebensweise geführt haben, bedürfen einer Überprüfung von einem gesünderen Blickwinkel aus. Die Beziehungen, welche die betroffene Person als *Opfer* eingegangen ist, müssen vom *Überlebenden* neu ausgehandelt werden. Damals getroffene Entscheidungen für einen Beruf müssen überprüft werden, da der Grund für die damalige Wahl möglicherweise nicht mehr vorhanden oder nicht mehr zweckmäßig ist. Der/die Betroffene muß sich fragen: „Warum habe ich mich für diesen Lebensstil oder diesen Beruf entschieden?" „Warum entscheide ich mich, dabei zu bleiben?" „Kann ich dabei bleiben?" „Werde ich dabei bleiben?"

Die Frage der Angemessenheit der damaligen Berufswahl ist besonders für Ordensfrauen wichtig. Einige Opfer haben sich für den Zölibat entschieden, weil er ihnen „sicher" zu sein schien; sie glaubten, sie müßten dann keine intimen Beziehungen eingehen oder mit Männern Umgang haben, denen sie nicht vertrauen können. Andere wieder wählten eine von Disziplin und Güte geprägte Umgebung, um dort für ihre „schmutzigen Sünden und Geheimnisse" zu büßen.

Aus der jüngsten Arbeit mit Priestern und Ordensmännern wurde ersichtlich, daß einige von ihnen ebenfalls mißbraucht worden sind und sich aus ähnlichen Gründen für ein zölibatäres Leben entschieden haben: Es schien ihnen eine „sichere" Sache.

*Vor kurzem kam ein Priester in Panik zu uns in die Praxis. Er war als Kind und Heranwachsender mißbraucht worden. Seine Entscheidung für das Priesterseminar fiel, weil es ihm dort erspart bleiben würde, potentiell gefährliche Beziehungen einzugehen. Als er nach der Ordination entdeckte, daß seine Gemeindeglieder ihn als Mensch und nicht nur in seiner Priesterrolle kennenlernen wollten, geriet er außer sich. Der einzige Ausweg,*

*der ihm offenzustehen schien, war, den aktiven Dienst zu quit-*
*tieren. Eine lange, langsame, oft mühevolle Therapie erlaubte*
*ihm, andere Auswege zu erkennen.* Jakubiak (1987) schreibt über Ordensfrauen, die sich frei für
ein zölibatäres Leben entschieden haben, obwohl sie mißbraucht
worden waren. Sie kämpften mit den traumatischen Erfahrungen und fühlten eine echte Berufung zum geistlichen Leben.
Von einem gesünderen Standpunkt aus überprüften sie diese
Entscheidung und konnten sie aus vollem Herzen bestätigen.
Bei allen Menschen verändern sich die Gründe für eine Berufs-
entscheidung in Abhängigkeit zum jeweiligen Lebensstadium.
Ebenso wie das Opfer, das sich fragen muß: „Warum bleibe ich
dabei?", muß auch jede andere Person frühere Berufsent-
scheidungen neu überdenken. Wenn die Überlebenden ihre dysfunktionalen Verhaltensmuster erkennen, kommen sie leicht in
Versuchung zu glauben, alles, was sie seit der Zeit des Mißbrauchs getan haben, sei wertlos. Der Therapeut muß eng mit
dem Überlebenden zusammenarbeiten, damit dieser lernt, daß
die früheren, weniger frei getroffenen Entscheidungen nicht
automatisch alles entwerten, was in den dazwischenliegenden
Jahren geschehen ist. Er wird dem Betroffenen zur Seite stehen, damit dieser erkennt, daß er nicht länger ein Opfer, sondern ein Überlebender ist. Als Überlebender ist er wie jeder
andere: ein Mensch nämlich, der die vielen Traumata des Lebens überstanden hat.
Eine weitere Frage bei der Behandlung ist das Geschlecht des
Opfers und des Täters. Wird eine Frau von einer anderen Frau
mißbraucht, kann dies durchaus Einfluß auf die künftige sexuelle Orientierung des Opfers haben. Jakubiak (1987) berichtet
von lesbischen Frauen, die sich mit dem Mann identifizieren,
um sich auf diese Weise vor weiterem Mißbrauch zu schützen.
Im Kontext der Therapie wird es notwendig, ihre sexuelle Orientierung und den von ihnen gewählten Lebensstil zur Sprache
zu bringen. Auch ein Mann, der von einem anderen Mann mißbraucht wurde, trifft womöglich Lebensentscheidungen, die ihm
Sicherheit bieten. Ein wichtiges Thema wird deren Überprüfung sein. Nötig ist entweder eine Veränderung der Entscheidung, um sich dem neuen Verständnis anzupassen, oder ihre
Bestätigung in Freiheit.

## c. Intimität

Unabhängig vom Geschlecht des Opfers oder des Täters ist die Intimität ein Hauptthema bei der Therapie nach einem sexuellen Mißbrauch. Menschen, die als Kinder oder Erwachsene mißbraucht worden sind, haben eine traumatische Verletzung ihres Vertrauens und folglich auch ihrer Fähigkeit zur Intimität erfahren. Sie sehen sich nicht in der Lage, sich auf intime Weise einem anderen Menschen zu öffnen. Diese Opfer werden sich selbst noch mehr verletzen, um dafür zu sorgen, daß sie verschlossen und vor anderen Menschen – folglich auch vor der Gefahr erneuten Mißbrauchs – geschützt sind. Diese Selbstverletzung kann sich in Verhaltenstaktiken wie Entfremdung, Kontrolle, Promiskuität, Fettleibigkeit oder Drogenmißbrauch manifestieren.

Intimität wird folglich zu einer Erfahrung, die um jeden Preis vermieden werden muß. Allmähliche, vorsichtige Strategien des/r TherapeutIn, der zuhört, Anteil nimmt und an den oder die KlientIn glaubt, können zum Beginn einer Erfahrung des Vertrauens und schließlich der Intimität werden. Mit körperlichen Berührungen wird der/die TherapeutIn vorsichtig sein, da diese womöglich mit dem Mißbrauch assoziiert werden und den/die KlientIn in Panik geraten lassen. Es muß sich ein neues Verständnis von Intimität entwickeln, mit Nähe und Liebe und nicht notwendigerweise mit physischem Kontakt. Das vorsichtige Nähren dieser Intimitätserfahrung ist der Grundstein eines neuen, gesünderen Lebens für den/die Überlebende/n.

## d. Der Heilungsprozeß

Angesichts der oben beschriebenen Schmerzen und Traumatisierungen benötigt der/die TherapeutIn für die Arbeit mit dem/der KlientIn einen gewissen Bezugsrahmen. Es gibt so viele Themen, so viele Nebeneffekte, daß man sie ordnen muß, um dem/r KlientIn die volle Chance zur Heilung zu ermöglichen.

Ein solcher Bezugsrahmen sind die zehn Behandlungsziele von Courtois (1988). Sie bilden einen ersten, mittleren und erweiterten Behandlungsplan, der außerordentlich hilfreich sein kann, und gleichzeitig sowohl dem persönlichen Stil des/r

TherapeutIn als auch den Bedürfnissen des/r KlientIn genügend Raum läßt.

*e. Zehn Behandlungsziele*

1. Eine verbindliche Bereitschaft zur Behandlung wird erklärt, eine therapeutische Allianz eingegangen.
2. Der Inzest wird zugegeben und akzeptiert.
3. Man erinnert sich an den Inzest.
4. Die Gefühle der Isolation und der Stigmatisierung schwinden.
5. Gefühle werden erkannt, benannt und ausgedrückt.
6. Man übernimmt für sich und sein Überleben die Verantwortung.
7. Trauerarbeit.
8. Bewußte Neustrukturierung unangemessener Vorstellungen und Reaktionen auf Streß.
9. Selbstbestimmung und Verhaltenswandel.
10. Bildung und Entwicklung von Fähigkeiten (Courtois 1988).

Bass und Davis (1988) nennen vierzehn Schritte des Heilungsprozesses, die alle auch von Courtois' Liste umfaßt werden. Andere TherapeutInnen haben ihre eigenen Strategien zum Umgang mit diesem Problem entwickelt und berufen sich auf dieselben Grundprinzipien (Scurfield 1985; Harris 1986). Sie alle erkennen, daß die Heilung ein Prozeß ist. Er kann nicht in einen für den/die KlientIn unangemessenen Zeitrahmen gepreßt werden. Manchmal braucht der/die KlientIn vielleicht sogar „Urlaub" vom formalen Prozeßablauf.

Stets jedoch muß der Heilungsprozeß mit der neuen Erfahrung einer von Vertrauen geprägten Beziehung mit einem anderen Erwachsenen beginnen. Dieser oder diese andere darf sich nicht selbst zum Opfer machen lassen. So ist es bei erwachsenen Opfern nicht unüblich, daß sie verbal aggressiv sind, sich in der Therapie kontrollierend und manipulativ verhalten. Hier muß der/die TherapeutIn der Beziehung Grenzen setzen. Es kann nicht genügend betont werden, wie wichtig es ist, daß modellhafte, angemessene Grenzen geschaffen werden. In dieser gesunden, respektvollen Beziehung zwischen TherapeutIn und

KlientIn, wo Vertrauen nicht zum Mißbrauch führt, beginnt für den/die KlientIn das Erlernen von Selbstbestimmung und freier Entscheidungsfähigkeit. Immer stellt sich die Frage, welche Therapieform am besten ist: Einzeltherapie, therapeutische Gruppe oder Selbsthilfegruppe. Alle drei Modelle sind nützlich und möglicherweise in verschiedenen Stadien des Heilungsprozesses notwendig. Die Erfahrung in der Einzeltherapie hilft bei der Entwicklung einer gesunden, von Vertrauen geprägten Beziehung zwischen Erwachsenen. Dann wiederum kommt die Zeit, wo die KlientInnen das Feedback einer Gruppe anderer Überlebender brauchen, die dasselbe durchgemacht haben wie sie. Die „Neurose der Einzigartigkeit," wie Harry Stack Sullivan sie nennt, kann im Kontext der Gruppe losgelassen werden. Es ist für den/die Überlebende/n eine große Erleichterung und ein wichtiger Schritt im Heilungsprozeß, wenn er/sie erfährt, daß er/sie nicht der/die Einzige ist.

Die von Courtois genannten Ziele sind nicht immer eindeutig formuliert. Wenn der Klient oder die Klientin „Urlaub" von der formalen Therapie nimmt, braucht er oder sie doch noch Halt auf dem steilen Weg zur Gesundung. Das Zwölf-Schritte-Programm der Überlebenden von Inzesterfahrungen, Survivors of Incest Anonymous (SIA) kann hier besonders wichtig werden. Bei SIA ist es Brauch, für den Notfall Telephonnummern auszutauschen. Häufig bewahrt es den/die Überlebende/n vor einer Panikattacke, wenn er oder sie mit jemandem am Telephon sprechen kann. Die Mitglieder einer SIA-Gruppe wählen sich je eine/n SponsorIn, der oder die sie durch das Programm führt. Hier ergibt sich die Gelegenheit, eine weitere Vertrauensbeziehung mit einem Erwachsenen zu entwickeln. Diese Erfahrungen erweitern das Repertoire neuer Verhaltensweisen und Sozialkontakte.


## 6. Schluß

Die vielfältigen Konsequenzen sexuellen Kindesmißbrauchs in der Kirche machen dieses Thema zu einem kritischen Anliegen. Der Prozentsatz der Ordensfrauen, die sexuell mißbraucht wurden, ist unbekannt, liegt aber höchstwahrscheinlich deutlich über den bekannten 25–33 Prozent der weiblichen Gesamtbevölkerung. Auch wissen wir von immer mehr Priestern und Mönchen, die unter den Folgen sexuellen Mißbrauchs in ihrer Kindheit leiden. Wir hoffen, daß Kirche und Gesellschaft sich mit den Verletzungen dieser Menschen auseinandersetzen und Hilfe und Ressourcen für ihre Heilung anbieten.

Interessanterweise veröffentlichte die Kirche in den sechziger Jahren Lehren über Anatomie und Physiologie der menschlichen Sexualität. Es fehlte jedoch ein reifes Verständnis des emotionalen Aspekts der Sexualität und der zentralen Bedeutung, die einer liebevollen, intimen Beziehung zukommt. Vor einigen Jahren berichtete eine Zeitschrift über eine Befragung von Frauen, die in Interviews gebeten wurden, Auskunft darüber zu geben, was sie bevorzugten: Sex oder Intimität. Die überwältigende Mehrheit sprach sich für die Intimität aus.

Frauen wissen, daß sie sich Intimität wünschen. Sie möchten mitteilen. Sie möchten gehalten werden und halten. Mehr als nach allem anderen sehnen sie sich nach einer wirklich intimen, auf Vertrauen und Achtung aufgebauten Beziehung. Erst dann möchten sie, wenn es stimmig ist, auch den Geschlechtsverkehr vollziehen.

In jüngster Zeit haben wir entdeckt, daß der sexuelle Mißbrauch in unserer Gesellschaft epidemische Ausmaße angenommen hat. Neben der Bewältigung der Symptome dieses Problems ist eine Primärprävention nötig. Wir müssen über die Physiologie der Sexualität hinausblicken und erkennen, daß die tiefste Sehnsucht des Menschen nicht die geschlechtliche Aktivität ist, sondern echte Intimität. In Konzentrationslagern können zwei Männer auf verschiedenen Seiten eines Stacheldrahtzauns eine wirklich intime Beziehung eingehen, ohne einander auch nur zu berühren. Intim sein heißt den Mut zu haben, zu kennen und erkannt zu werden.

In der Therapie müssen die erwachsenen Überlebenden sich mit vielen Gespenstern auseinandersetzen: mit dem sexuellen Mißbrauch, der Ablehnung, dem Verlassensein, dem Schmerz der Heilung und der immerwährenden Angst, das Geschehene könne sich wiederholen. Diese Gespenster müssen im Licht des Tages betrachtet und zur Ruhe gelegt werden. Eine solche Rei-

se kann lange dauern. Man kann sie nicht auf eigene Faust unternehmen. Die Betroffenen müssen für ihren Weg vom Opfer zum Überlebenden einen Begleiter oder eine Begleiterin finden. Sie müssen die Dunkelheit der unaussprechlichen furchtbaren Geheimnisse verlassen und im hellen Licht eine Zukunft entdecken, die sie sich vorstellen können und die Freiheit bedeutet.
Solange, bis wir es auf uns nehmen, uns und unsere Gesellschaft zu heilen, wird unsere „giftige Scham immer giftiger," sagt John Bradshaw. Eine solche Behandlung hat einen hohen Preis. Auch ein Primärpräventionsprogramm und die Erziehung zu neuer Intimität und einer menschlichen Sexualität werden viel kosten. Aber längst nicht so viel wie das Schweigen.

## Literatur

American Psychiatric Association, *Diagnostic and Statistical Manual of Mental Disorders,* Washington 1987
Bass, E. und Davis, L., *The Courage to Heal. A Guide for Women Survivors of Child Sexual Abuse,* New York 1988
Bradshaw, J., *Healing the Shame that Binds You,* Deerfield Beach 1988
Butler, S., *Conspiracy of Silence: The Trauma of Incest,* New York 1978
Courtois, C., *Healing the Incest Wound: Adult Survivors in Therapy,* New York 1988
Harris, J.M., *A Model Training Seminar for Incest Survivors,* Vortrag bei der Forth National Conference on the Sexual Victimization of Children, Children's Hospital National Medical Center, New Orleans 1986
Jakubiak, M. und Murphy, S., *Incest Survivors in Women's Communities, Human Development* 8:2 (1987), 19–25
Maltz, W. und Holman, B., *Incest and Sexuality: A Guide to Understanding and Healing,* Lexington 1987
Scurfield, R.M., *Post-trauma stress assessment and treatment: Overview and formulations,* in: Figlex, C:R: (Hg.): *Trauma and Its Wake: The Study of Treatment of Post-traumatic Stress Disorder,* New York 1985

Survivors of Incest Anonymous (früher Sexual Abuse Anonymous) P.O. Box 21817, Baltimore, MD 21222-6817

*Helga Peteler*
# Gruppentherapeutische Arbeit nach tiefenpsychologischem Ansatz mit durch sexuellen Mißbrauch traumatisierten Kindern*

## 1. Grundlegende Störung, die der sexuelle Mißbrauch verursacht und die in der Therapie verarbeitet werden kann

Das Trauma des sexuellen Mißbrauchs bewirkt sowohl eine emotionale als auch kognitive Verwirrung der Kinder. Das therapeutische Ziel ist es, die Verwirrung in den Kindern aufzulösen und kognitiv wie somatisch die Wahrnehmungsfähigkeit in allen Sinnesbereichen wieder verläßlich zu ermöglichen und die zur weiteren Reifung notwendige Beziehungsfähigkeit emotional zu entwickeln. Voraussetzung für die Therapie ist die abgeschlossene Diagnostik: Anamnese, Psychodiagnostik, körperliche, neurologische und psychiatrische Untersuchung.

## 2. Therapeutischer Rahmen

*1. Kontext, in dem die Therapie des Opfers stattfindet*

Die sexuell mißbrauchende Person vor allem bei Inzest und inzestähnlichen Vergehen, wie sie u.a. auch in religiösen Gemeinschaften vorkommen können, baut ein Tabusystem auf, in das das Opfer ebenso wie die Menschen seines sozialen Umfeldes einbezogen sind. Effektive Therapie muß sich auf dieses Gesamtsystem beziehen.

Die Behandlung von Opfern, nicht-mißbrauchenden Bezugspersonen, Geschwistern und schließlich auch der mißbrauchenden

---

* Kooperationskonzept mit einer Erziehungsberatungsstelle (H.-J. Lüpertz, F.-J. Reinartz, Neuss) und einer freiberuflichen Dipl.-Psychologin (S. Schlieper, Düsseldorf))

Person wurde und wird vielfach noch so konzipiert, daß die Betreffenden in separaten Therapien, mit separaten Therapeuten, von separaten Institutionen, behandelt wurden bzw. werden. Dieser ideologisch konsequente Ansatz ist in der konkreten Arbeit gescheitert. Die Dreispurenhilfe (Opfer, Mutter, Täter) versagt aufgrund der Unterschiede der Ziele und der Kommunikation der Institutionen und der Unterschiede der therapeutischen Hintergründe, auf die die schwer gestörte Beziehungsstruktur des Mißbrauchssystems projiziert wird. Schweigepflicht und Datenschutz führen in dieser Konstellation zur Übertragung des Mißbrauchsgeheimnisses von der Opfer- in die Expertenebene: „...ein Geheimnis, das jahrelang die Kommunikation innerhalb der Familie gestört hat ..., (steht) jetzt als gestörte Kommunikation zwischen den Therapeuten." (Bullens 1996)

Den Kontext unseres therapeutischen Ansatzes entwickelten wir aus der Situation einer therapeutischen Praxis sowie aus den Mißerfolgen und Erfolgen der täglichen Arbeit. Mit einer Erziehungsberatungsstelle entstand ein Kooperationskonzept, in dem die Gruppenarbeit größtenteils mit zwei Therapeuten möglich ist. Die Praxisinhaberin und jeweils ein anderer, meist männlicher Therapeut, leiten die Gruppen, getrennt nach den Bereichen:

– Opfer;
– Nicht-mißbrauchende Bezugspersonen;
– Geschwister des Opfers;
– Mißbrauchende Person.

Die parallel geführte Therapie der nicht-mißbrauchenden Berzugsperson ist eine Voraussetzung dafür, daß das Opfer einen Therapieplatz erhalten kann. Der psychodynamische Prozeß der Bezugspersonengruppe verläuft in ähnlichen Schritten wie der der Opfer-Kindergruppe, jedoch oftmals verzögert, da mehr Widerstände vorhanden sind.

## 2. Struktur der Gruppe

Die Opfer-Kindergruppen sind bezüglich der Störungsbilder nicht homogen. Gemeinsam ist allen TeilnehmerInnen das Trauma des sexuellen Mißbrauchs. Das ermöglicht den Kindern zu erfahren, daß sie mit dem schamvollen Ereignis nicht allein sind und jede/r es anders bewältigen kann.

Die Kindergruppen (wie die Bezugspersonengruppen) sind halb offen, da dies der ambulanten Situation am ehesten gerecht wird und die Erfahrung des Wechselspiels von Lernen und Lehren den psychischen Heilungsprozeß fördert. Die Zusammensetzung ist meistens geschlechtsgemischt, mit einer Altersdifferenz bis zu drei Jahren, aus unterschiedlichen sozialen Schichten und intellektuell unterschiedlich begabt (von Hoch- bis zur Minderbegabung). Die lernbehinderten Gruppenmitglieder beleben durch ihre kurzen, direkten Einwürfe die Gruppenprozesse und verhindern die Intellektualisierung. Die untere Altersbegrenzung liegt bei 5 Jahren, die Gruppe kann dann drei, maximal vier Kinder umfassen. Nach oben gibt es keine Altersbegrenzung. Die Inhomogenität der Gruppe war zunächst aus der Not geboren, erwies sich dann als Möglichkeit, Klischees zu relativieren wie: Nur Mädchen sind betroffen; nur wer dumm ist, dem passiert das; nur weil ich häßlich bin; nur weil wir arm sind ...

Das Setting der Opfergruppe und der Bezugspersonengruppe ist 14tägig, versetzt um eine Woche, so daß wöchentlich ein Kontakt zur Familie besteht. Auch die Tätergruppen finden 14tägig statt.

Die Therapie der traumatisierten Kinder, wie auch der Bezugspersonen und der mißbrauchenden Personen geschieht in Langzeitgruppen aus der Erfahrung heraus, daß die dissoziierten Gefühle mehr Zeit erfordern, bis sich neue Beziehungsmuster entwickeln können. Die Geschwisterkinder der Opfer benötigen meist nur eine Kurzzeittherapie in störungsinhomogenen Gruppen.

### 3. Gruppentherapeutische Arbeit mit Kindern – Dynamik der drei Phasen des therapeutischen Prozesses

*1. Akzeptanz der Schuld- und Schamgefühle und Begrenzung der Schuld- und Schamlosigkeit*

In der Dynamik der Mißbrauchs hat der Täter das Kind, das er sich ausgesucht hat, so manipuliert, daß schließlich das Kind ihn begehrt. Mit dieser Verkehrung des Begehrens ist die Verschiebung der Schuld vom Täter auf das Opfer verbunden. So kann der Täter sein seelisches Gleichgewicht scheinbar wiederherstellen. Das Opfer reagiert auf die Schuldverschiebung mit der Übernahme der Schuld. Wenn es diese nicht aushält, verdrängt es sie und entwickelt ein auffällig schuld- und schamloses Verhalten. Der Beginn des therapeutischen Prozesses bei traumatisierten Personen ist nur möglich, wenn das Opfer die Erlaubnis erhält, Schuldgefühle zu haben. Die Introjektion der Schuld der mißbrauchenden Person verursacht einerseits das Leiden des Opfers, ist aber gleichzeitig der erste Schritt, aus dem Ohnmachtsgefühl herauszukommen: Wenn *ich* schuld bin, kann *ich* etwas verändern. So wird die Kausalkette des Erleidens durchbrochen.

*Beispiel:*
*Susi ist 11 Jahre, stark übergewichtig und zeigt seit dem 5. Lebensjahr extrem sexualisiertes Verhalten mit deutlich zunehmender Tendenz. Sie wird jahrelang von ihrem Großvater mit oralen Penetrationen sexuell mißbraucht. Mit 11 Jahren eröffnet sie sich ihrer Vertrauenslehrerin voller Schamgefühl. Trotz ihrer Auffälligkeiten ist Susi fähig, die Schulleistungen bis zu diesem Zeitpunkt zu erbringen. Sie ist kompensiert. Die Lehrerin nimmt sich ihrer an, und in allen folgenden Gesprächen versucht sie, Susi von ihrer Schuldlosigkeit zu überzeugen. Susi wird zunehmend wechselnd apathisch bzw. euphorisch, Die Schulleistungen sinken rapide ab. Nach 2 Wochen intensiver fürsorglicher Gespräche, in denen die Lehrerin ihr immer wieder beteuert, daß sie unschuldig sei, reagiert Susi mit einer schizoiden Episode. Sie dekompensiert. Die Eltern stellen Susi in der Praxis vor. Die Lehrperson begleitet die Familie. Als Susi meine Akzeptanz ihrer Schuldgefühle spürt und wahrnimmt, klart sie rasch auf. Wochen später nach der diagnostischen Phase tritt in der therapeutischen Gruppe ein vergleichbares Negieren der Schuld durch Gruppenmitglieder auf. Susi reagiert wieder mit präpsychotischen Symptomen, die ein anderes Gruppenmitglied „auffängt", indem es erzählt, wie es auf die lieben Anfragen des Papis 5 Jahre ja sagte und hysterisch die Gruppe chaotisch durcheinanderwirbelt (Reinszenierung der Schuld auf der Verbal- und Handlungsebene).*

Das (scheinbar paradoxe) schamlose Verhalten, das ein Teil der Kinder zeigt, wie Anspucken, Begrapschen, unflätige Sprache, Rotzen und Furzen ist ein Hinweis auf die Verdrängung der Schuldgefühle, fordert aber ebenfalls deren Akzeptanz. In der Gruppe mit schamlosen und schamvollen Kindern ist über Projektion und Identifikation die Akzeptanz der Schuldgefühle möglich. Gleichzeitig muß der Therapeut/die Therapeutin das schamverletzende Verhalten bewerten, um diesen Kindern die Möglichkeit zu eröffnen, ihr Handeln zu reflektieren und die schamverletzten Kinder zu ermutigen, die erneute Verletzung zu spüren und durch Aufstellen von Gruppenregeln zu begrenzen. Die Klarheit der Gruppe gibt den Kindern die Sicherheit, in der sie ihre verwirrenden Gefühle spüren und zulassen können. Gleichzeitig reinszenieren sie das Chaos der Schamlosigkeit immer wieder, was ein hohes Maß an Stabilität des Therapeuten/der Therapeutin fordert.

*2. Interpersonelle Aufteilung der Welt in Gut und Böse bis hin zur Spaltung in Gut und Böse (Trauma-Reinszenierung und beginnende Traumaüberwindung)*

*2.1 Identifikation des Opfers mit der mißbrauchenden Person: das böse Opfer.*
*Sicherung der Jetzt-Realität: Dokumentation der Anwesenheit*
*Sicherung der Tatrealität: Dokumentation der Tat auf dem Gruppenblatt und szenische Reinszenierung der Tat.*
Der Mißbraucher hat den psychodynamischen Prozeß eingeleitet, an dessen Ende er sich als Täter entschuldet und dem Kind als dem bösen Kind die Schuld zuschiebt. Das Opfer hat seine innere Norm verloren: Wer ist böse? Bist du böse? Bin ich böse? Ja, ich bin böse! Um der Verwirrung der Realitäten zu entgehen, akzeptiert das Opfer die Verschiebung der Schuld, um sich endlich wieder neu orientieren und seine Realitäten daran messen zu können.
Der Gruppenprozeß ermöglicht eine neue Realitätssicherung über die aktuellen Realitäten, wozu auch die reale Anwesenheit der Kinder zählt. Die Anwesenheit der einzelnen wird auf einem Gruppenkarton – bei Kindern bis zu ca. 10 Jahren durch das Gruppentier – dokumentiert. Dieses Tiersymbol zeichnet

jedes Kind in jeder Gruppenstunde für sich in seiner Art. Es geht darum, die eigene Anwesenheit und die des anderen in der Sicherheit der Gruppe zu verankern. Die anwesenden Gruppenmitglieder und der Therapeut/die Therapeutin registrieren das Fehlen eines Gruppenmitglieds. Jeder kann fragen, warum der oder die andere nicht da ist. Wenn darüber Unklarheit besteht, wird mit dem fehlenden Kind sofort telefoniert. Dies vermittelt Sicherheit, daß bei solcher Solidarität der Gruppe niemand „verloren" geht. Dasein und Fehlen dürfen wahrgenommen werden, und die dazugehörigen Empfindungen können langsam wieder zugelassen werden.

Fehlen von Kindern löst viele Ängste aus. Alle traumatisierten Kinder haben die Erfahrung machen müssen, daß Bezugspersonen im Wesentlichen nicht verläßlich waren. Sie wurden in entscheidenden Momenten nicht geschützt, so daß sie jahrelang traumatische Erfahrungen hinnehmen mußten.

*Die Kinder fragen genau nach. Was ist mit der Mutter? Wie schlimm ist sie krank? Wird sie das nächste Mal das Kind wieder bringen? Wenn das Auto kaputt ist, warum konnte Vater keine andere Lösung finden?*

*Als eine Mutter nach 1½ Jahren die Aussage ihres Jungen bezüglich des Mißbrauchs nicht mehr glaubt, da sie selbst erneut eine intensive Beziehung zu der mißbrauchenden Person, in deren Abhängigkeit sie steht, aufnimmt, löst das Fehlen dieses Kindes in der Gruppe eine Panikstimmung aus. Im weiteren Verlauf richteten sich die Hoffnungen der Kinder auf die Therapeutin, daß es ihr gelingen möge, in der Arbeit mit den Bezugspersonen deren Stabilität zu erreichen.*

Die Realitätssicherung ist für die Stabilisierung der kognitiven Fähigkeit ein wichtiger therapeutischer Schritt. Zunehmend kann das Kind seinen Wahrnehmungen wieder trauen.

Parallel zu der Realitätssicherung im Hier und Jetzt wird der gleiche therapeutische Prozeß eingeleitet zur Realitätssicherung des mißbräuchlichen Geschehens. Als ein gutes Hilfsmittel dafür hat sich das Gruppenblatt erwiesen, auf dem jedes Kind Raum hat, sein Trauma zeichnerisch oder durch Worte darzustellen. So wird die jeweils spezifische Verletzung fixiert. Denn ein Kennzeichen des sexuellen Mißbrauchs ist die Geheimhaltung und Tabuisierung, indem die Fakten minimiert oder geleugnet werden: Sie sollen in Vergessenheit geraten, damit sie uns nicht mehr tangieren. „Es ist nicht so schlimm gewesen", sagt sich das Kind und nimmt sich nicht ernst. Dies sagt auch der Erwachsene zum Kind und wischt die Verletzung des Kindes fort. „Am besten, du vergißt alles", löst Unsicherheit und Unruhe beim Opfer aus, weil es für das unverständlich Geschehene keine Möglichkeit des Verstehens entwickeln darf. Es darf das Erlittene nicht benennen und einordnen. Es kann nicht erfahren, wie das unfaßbare Trauma doch zu fassen ist. Dann bleibt nur noch die unmögliche Möglichkeit, psychische und/oder somatische Störungen zu entwickeln und schließlich nach weiterer Eskalation zu dekompensieren.

Mit der Sicherheit, daß das Trauma in jeder Therapiestunde in seiner ganzen Realität präsent sein darf, reinszenieren die Kinder auf allen Ebenen das Trauma in Form von Märchen und Tierszenen und in Gruppenkonflikten, die sie nach dem Prinzip des Täter/Opfermodells lösen.

*2.2 Identifikation der Gruppenmitglieder mit der mißbrauchenden Person: der andere, maximal: jeder andere ist böse Differenzierungsprozeß der Verantwortlichkeit: des Täters für die Tat, des Opfers für die Heilung der Wunden*
Im weiteren therapeutischen Prozeß erfolgt nach der Schuldverschiebung vom Täter zum Opfer jetzt die Verschiebung vom Patienten zum Mitpatienten. Auf diesem Weg gewinnen die Kinder eine neue Möglichkeit der Differenzierung: das Gegenüber in der Gruppe wird mißbrauchende Person, und der Patient/die Patientin hat die Wahl, Opfer zu sein oder für sich Möglichkeiten zu entwickeln, aus der Opferhaltung herauszutreten. Im Wechselspiel von Täter und Opfer erlebt das Kind an sich selbst und am anderen, daß vielfältige, teils erfolgreiche, teils erfolglose Probehandlungen möglich sind. Die wechselnden Rollen eröffnen jeweils neue Perspektiven. So wird zunehmend klar, daß die Verantwortung für die Tat bei der mißbrauchenden Person liegt und dort bleiben muß. Auf der anderen Seite kann die Verantwortung für die Heilung der Wunden, die durch das Trauma entstanden sind, selbst übernommen werden (Der gleiche Prozeß läuft in der Gruppe der Bezugspersonen).

*In dieser Phase robbte der 6jährige Max so intensiv über den Teppichboden, daß er sich im Gesicht und selbst durch die Kleider hindurch auch am Körper massiv aufschürfte. Er selbst nahm seine Verletzung nicht wahr. Die anderen Kinder schauten entsetzt auf ihn. Jutta bemerkt: „Als Jo das in den Popo gesteckt hat, habe ich wirklich nix gemerkt. Das glaubt mir keiner. Das stimmt aber. Und das mit dem Blut stimmt auch." Ich stimme ihr zu, daß es damals gut gewesen sei, nichts zu spüren. Jutta: „Ja, nein, dann tue ich mir weh, wie Max. Das will ich nicht."*
Nach und nach gelingt es dem Opfer, die Ebene der Schuld zu verlassen und Ichstärke zu gewinnen. Dies ist ein dynamischer Prozeß, für den das Opfer sich verantwortlich fühlen lernt.

*2.3 Die Identifikation der mißbrauchenden Person als die böse und machtausübende Person – Wahrnehmung der differenzierten Traumata der Gruppenmitglieder*
Im weiteren therapeutischen Prozeß teilt das Opfer zwar immer noch die Welt in Gut und Böse ein, aber es beginnt zunehmend, sich selber differenzierter wahrzunehmen. Seine Verwirrung wird geringer, so daß es fähig wird, die mißbrauchende Person als böse abzuspalten und sich selber als gut zu erleben. Zur Verdeutlichung dieser Welteinteilung ist in den Gruppen (bis ca. 10 Jahre) jeweils ein gutes und ein böses Tier eingeführt. Als gute Symbolfigur eignet sich z.B. die Schildkröte, die ruhig, zielstrebig, beharrlich und mit einem dicken Panzer ausgerüstet ist; als Symbol des Bösen bietet sich z.B. der Wolf an, der gemeinhin als gewalttätig, zerstörend und gefräßig dargestellt wird.
So wie jedes Kind sein Erleben als Opfer gegenüber seinem Mißbraucher immer eindeutiger wahrnimmt, wird gleichzeitig das Geschehene als unverwechselbar eigen erfaßt (entgegen den bei Gutachten und Gerichten häufig geäußerten Bedenken, die Kinder würden auf Grund der Therapie nicht mehr authentisch über den Tathergang berichten können). Es fällt dabei auf, daß die Kinder immer sehr darauf bedacht sind, die verschiedenen Täter und Taten nicht miteinander zu verwischen. Sie grenzen sich entschieden gegen Falschdarstellungen der eigenen Erfahrungen durch andere Gruppenmitglieder (oder selbst der Therapeuten) ab.

Um aus der Verwirrung heraustreten zu können, ist es unabdingbar, den Prozeß der Differenzierung zu unterstützen: „Dein Täter ist *nicht mein* Täter. Was *dir* passiert ist, ist *nicht mir* passiert. Was *mir* geschehen ist, ist *nicht dir* geschehen".

*Wie wichtig die Konstanz des Erlebten für alle in der Gruppe ist, mag das Beispiel eines 6jährigen, überdurchschnittlich begabten Mädchens verdeutlichen, das zu Beginn der Gruppenstunden jeweils neue Versionen seines „Mißbrauchs" auf das Gruppenblatt malen wollte. Es löste Verwirrung aus, weil verschiedene Kinder Elemente ihrer eigenen Erlebnisse wiedererkannten und die Authentizität der Darstellung bezweifelten. Bei der Reinszenierung war das Mädchen nicht in der Lage, den Spielern eindeutige Regieanweisungen zu geben, auch nicht auf Nachfragen. Im Gruppenprozeß wurde deutlich, daß die Not dieses Kindes durch andere Umstände ausgelöst wurde. Daraufhin wurde ihm ein anderes adäquates therapeutisches Angebot gemacht.*

Bemerkenswert ist auch, daß die Kinder die Ereignisse unterschiedlich gewichten: „Was ich erlebt habe, ist schlimm, aber ich habe es überlebt. Ich kenne es. Was du erlebt hast ist schlimmer, denn ich habe es nicht erlebt. Ich verstehe es nicht. Mir ist es fremd. Es macht mir Angst und Ekel. Es gehört nicht zu mir."

*Ute (6 Jahre) war von ihrem 20-jährigen Halbbruder lange sexuell mißbraucht worden, indem er sein Ejakulat auf ihrem Bauch ergoß, Sabine (7 Jahre) war bis fast zur Erstickung über drei Jahre oral durch ihren Vater mißbraucht worden. Als beide sich in der Gruppe begegneten, fand Sabine das, was Ute mit dem Ejakulat passiert war, extrem eklig und schaute entsetzt auf ihre Hände, als ob sie das Ejakulat damit wegwischen müßte. Sie meinte: „Nein, so schlimm war das bei mir nicht."*

Die eigenen Erlebnisse sind für die Kinder verwirrend und bedrohlich, aber die Ereignisse der anderen Kinder sind ihnen noch unverständlicher. In der Abspaltung ihres „Schlimmen" und in der Projektion des „Ganz-Schlimmen" auf das Gegenüber können sie ihr ganzes Entsetzen, ihren Ekel, ihre Abscheu zulassen, ohne weiter vom Tauma überwältigt zu werden. In der Verschiebung auf das andere Kind können sie ihre eigenen

Gefühle in abgemilderter Form spüren und artikulieren lernen, ohne die Tat des anderen Kindes für sich zu übernehmen. So teilen sie das eigene Tauma in überschaubare Einheiten auf, die sie psychisch bearbeiten können, bis sie schließlich das gesamte Ausmaß ihres Traumas wahrnehmen und integrieren können.

## 2.4 Die Identifikation der Therapeutin mit dem Täter: Der Therapeut ist böse.

*Übergang von der interpersonellen zur intrapersonellen Differenzierung von Gut und Böse*
Im letzten Schritt der interpersonellen Spaltung der Welt in Gut und Böse wird das Böse auf den Therapeuten/die Therapeutin projiziert. Die Opfer können bereits zulassen, daß die gute Therapeutin auch eine andere Seite besitzt. Sie können mit dieser Enttäuschung umgehen, weil sie erlebt haben, daß die Zuwendung des Therapeuten ihnen sicher erhalten bleibt und das Gutsein des Therapeuten in ihrem Blickfeld bleibt.

*In der Karnevalszeit hatte die Gruppe beschlossen, daß sich alle in Tiergestalten verwandeln, während die Therapeutin in die Rolle der mißbrauchenden Person ausgegrenzt wurde. Die Phantasie der Kinder reichte vom Floh, der sticht und Jucken auslöst über den Hund, der durch sein Bellen in Schach hält, vom Wal, der spuckt über die Katze, die drohend ihre Krallen ausstreckt, bis zum Vogel, der an den Haaren zieht. Die Szene endet damit, daß die TherapeutInnen als mißbrauchende Personen keine neuen Ideen mehr entwickeln können, um sich zu retten.*

Im therapeutischen Spiel wird sorgfältig darauf geachtet, die Grenze zwischen realer Person und Projektion einzuhalten. Die Tiergestalten greifen an, beachten dabei die Regel, daß die Schmerz- und Ekelgrenze der TherapeutInnen als realer Person nicht überschritten wird.
Während die Opfer sich gegenüber der real mißbrauchenden Person noch im Stadium undifferenzierter Wut befinden, erreichen sie durch die Probehandlung die Fähigkeit, ihre Wut kontrolliert und differenziert in die Auseinandersetzung mit der mißbrauchenden Person einzubringen. Die Opfer haben ihre eigenen kreativen Möglichkeiten entwickelt, um ihren Heilungsprozeß in Gang zu setzen.

## 4. Intrapersonelle Integration von Gut und Böse

In dieser Phase geht es um die Differenzierung der bösen und guten Fähigkeiten, Absichten, Taten und äußeren Erscheinung einer Person. Die mißbrauchende Person hat ihre guten Fähigkeiten genutzt, um die Opfer zu manipulieren. Das oft vorhandene pädagogische Geschick, die emotionale Zugewandtheit und die Begeisterungsfähigkeit der mißbrauchenden Person kann das Opfer am Ende der Therapie wieder wahrnehmen und zulassen: der Zauberkünstler, der Max fasziniert; der Sport-Freak, der Susi und Gerd begeistert; die Märchentante, die Britta besser als jede andere in die Welt der Phantasie und Träume führen kann; der Lehrer, der Hans versteht.

Im Entdecken des „vollständigen" Menschen werden im therapeutischen Prozeß die eigenen guten und bösen Seiten wahrgenommen und lösen auch immer wieder Angst und Unsicherheit aus: Die mißbrauchende Person hat zwei Gesichter, und ich habe zwei Gesichter. Wem kann ich da noch vertrauen – dem anderen nicht, mir nicht? In dieser Phase stellen die Kinder in den Gruppen den Therapeuten und sich auf die Probe, was er für ein Therapeut ist: Hält er diese Spannung aus, hält er mich aus, kann ich es aushalten, gut und böse zu sein? Die Kinder verweigern sich über mehrere Therapieeinheiten hinweg (was sie in einer Gruppe besser und länger aushalten) um zu sehen, ob der Therapeut seine Zugewandtheit aufrecht erhält. In diesen oft wochenlangen und mehrmals sich wiederholenden Phasen des Widerstandes, in denen die gesamte Gruppe zwei Stunden schweigend dasitzt, geht es immer wieder darum, die Spannung zwischen dem aggressiven Aggressor und dem wehrlosen Opfer auszuhalten, so daß daraus lebenschaffende Energie entsteht.

Es besteht die große Gefahr, das oppositionelle Nein der Kinder schon per se als positiv zu werten, was jedoch genauso krankmachend ist wie das manipulierte Ja des Opfers. Es geht um die Polarisierung und Integration des Opfers und Täters in uns, des Bösen und Guten in uns wie des Bösen und Guten auch in der mißbrauchenden Person. Zwischen diesen Polen beginnt das ich-syntone spannungsvolle Leben. Durch die intrapersonelle

Integration des Bösen und Guten verliert das Trauma seine schädigende Unbegreiflichkeit. Wenn die dem Opfer nahestehende mißbrauchende Person – Vater, Mutter, Bruder, Lehrer, Pfarrer … – in den Augen des Opfers nur böse bleibt, ist das Kind selbst jedesmal bei eigenen „bösen" Taten existentiell bedroht: Es kann sich selbst auch nur noch als böse erleben. Mit dieser Wahrnehmung kann es nur überleben, wenn es dieses Gefühl depressiv oder aggressiv abspaltet. Es fände eine erneute Traumatisierung statt, wir wären wieder am Beginn des therapeutischen Prozesses und hätten uns sinnlos im Kreis gedreht.

## 5. Die Begrenzung des Traumas

Der therapeutische Prozeß ist aus der Art und Weise, wie das Tiersymbol auf dem Gruppenkarton über die lange Therapiezeit dargestellt wird, deutlich ablesbar. In der Regel beginnt die erste Phase mit schönen, klaren Symbolen, die Ausdruck dafür sind, daß der therapeutische Prozeß noch nicht begonnen hat, zu gefährlich ist und die äußere Hülle wichtig ist. Mit zunehmender Teilung in Böse und Gut bei gleichzeitiger Realitätssicherung des Bösen werden die Zeichnungen bizarrer, aufgelöster, oft nur strichartig. Die Farben werden dunkel. Dann nehmen die Figuren wieder Gestalt an, wenn auch nicht mehr in der wohlgestalteten Schönheit des Anfangs – das Böse hat seinen Platz. Am Ende des therapeutischen Prozesses steht das „vollkommene" Opfer wie die „vollkommene" Bezugsperson und die „vollkommene" mißbrauchte Person, d.h. das Kind hat die Integration der guten wie der bösen Anteile intrapsychisch geleistet. Es kann die Realität der Welt mit ihren guten und bösen Anteilen erfassen, sein Trauma begreifen und begrenzen. Das Opfer kann nach einem schweren Trauma leben, das immer präsent ist, aber die Person nicht mehr überwältigt, schwächt, verunsichert und hilflos macht.

# Literatur

Bullens, Ruud, *Aufgaben und Möglichkeiten multiprofessioneller Kooperation aus der Sicht der Mißhandlertherapie,* in: *Informationsdienst Kindesmißhandlung und -vernachlässigung,* 4. Jg. Sonderband 1.1, Juli 1977

Fürniss, Tilman, *Aufgaben und Möglichkeiten multiprofessioneller Kooperation aus der Sicht der Mißhandlertherapie,* in: *Informationsdienst Kindesmißhandlung und -vernachlässigung,* 4. Jg. Sonderband 1.1, Juli 1977

Fürniss, Tilman, *Inzest und sexueller Mißbrauch. Beratung und Therapie. Ein Handbuch,* in: Ramin, G. (Hg.) Paderborn 1993a

Heigl-Evers, Annelise/Heigl, F., *Das Göttinger Modell der Anwendung der Psychoanalyse in Gruppen unter besonderer Berücksichtigung der psychoanalytisch-interaktionellen Methode,* in: *Gruppenpsychotherapie und Gruppendynamik,* Göttingen 1994

Heigl-Evers, Annelise/Ott, Jürgen, *Gruppenpsychotherapie,* in: Egle/Hoffmann/Joraschky (Hg.), *Sexueller Mißbrauch, Mißhandlung, Vernachlässigung,* Stuttgart 1997

Hirsch, Mathias, *Realer Inzest, Psychodynamik sexuellen Mißbrauchs in der Familie,* 1987b, Berlin 1994

Hirsch, Mathias, *Vernachlässigung, Mißhandlung, Mißbrauch im Rahmen einer psychoanalytischen Traumatologie,* in: Egle/Hoffmann/Joraschky (Hg.), *Sexueller Mißbrauch, Mißhandlung, Vernachlässigung,* Stuttgart 1997

Mennen, F./Meadow, D., *Process to recovery,* in: *support of long-term groups of sexual abuse survivors,* Int. J. Group Psychother. New York 1992, 42

# 3. Kapitel
# Erfahrungsberichte

*Eine ehemalige Ordensfrau berichtet*
## 1. „Wenn meine Mitschwestern wüßten, wie schmutzig ich bin."

Ich bin in diesem Jahr 37 Jahre alt geworden. Doch begonnen zu leben habe ich erst vor sieben Jahren. Damals wurde mir zum ersten Mal bewußt, welche Ein- und Auswirkung die Tatsache hat, daß ich als Kind sexuell mißbraucht worden bin. Von diesem Tag an hat mich dieses Mißbrauchsereignis nicht mehr losgelassen, es hat mich und mein Leben verändert. Vor dem Bewußtwerden fühlte ich mich vielleicht so, wie das tote Schneewittchen im Glassarg. Ich war sichtbar da, doch in mir war vieles abgestorben und tot. Ich wurde gelebt, von meiner Erinnerung, von meiner Angst und von meinen Schmerzen. All das hatte ich tief in mir vergraben und mit meinem Schweigen zugedeckt.

Zwanzig Jahre nach dem Mißbrauch habe ich damit begonnen zu reden. Zuerst sehr zögerlich, jedes Wort blieb mir im Hals stecken. Aber nachdem ich einmal begonnen hatte, war alles in mir wieder gegenwärtig. Es gab kein zurück mehr.

Ich bin in einem kleinen Dorf aufgewachsen. Meine Eltern hatten wenig Zeit für meine drei Geschwister und mich. Sie führten ein kleines Geschäft, und all ihre Zeit und Energie waren daran gebunden. Wir Kinder mußten im Geschäft mithelfen oder wir spielten mit den Nachbarskindern. Ich war oft von zu Hause weg, die Familien der Nachbarschaft waren mein „Zuhause." Der Nachbar, der mich im Alter von 11–15 Jahren sexuell mißbraucht hat, hat diese Situation für sich ausgenützt. In seiner Familie ging ich aus und ein, ich gehörte schon fast dazu. Ich spielte mit seinem Sohn, ich saß beim Essen oft mit am Tisch. Wie und wann der Mann angefangen hat, seine sexuellen Bedürfnisse an mir/mit mir auszuleben, weiß ich nicht mehr. Ich habe bis heute keine genaue Erinnerung daran.

Aber ich weiß, daß er es immer irgendwie geschafft hat, mit mir alleine zu sein. In der Wohnung, im Keller und im Freien. Da meine Eltern mit der Nachbarschaftsfamilie befreundet waren, schöpfte niemand Verdacht.

Mein Vater schickte mich öfters zu ihm, weil er für uns etwas reparieren mußte. Meine Eltern ahnten nicht das geringste, und sie wissen bis zum heutigen Tag nichts davon. Sie hatten wenig Zeit für mich, und ich hatte wenig Vertrauen zu ihnen. Ich kam nie auf den Gedanken, ihnen davon zu erzählen. Warum? Einmal hatte ich das Gefühl, daß sie es mir sicher nicht glauben würden und: Ich schämte mich. Ich fühlte mich schuldig und schmutzig. Denn ich dachte, das ganze mußte etwas mit mir zu tun haben, ich wäre dafür verantwortlich. Dazu kam der Druck von seiten des Nachbarn. Er redete beständig auf mich ein, daß ich es niemandem sagen dürfte, denn sonst käme er ins Gefängnis.

Ich ahnte zwar, daß das, was er mit mir machte, nicht okay war, aber trotzdem fühlte *ich* mich nicht okay.

Ich habe alles willenlos mit mir machen lassen. Er brauchte „keine" körperliche Gewalt anzuwenden. Er hat mein Bedürfnis nach Geborgenheit und Zärtlichkeit auf gemeinste Weise für sich verwertet.

Ich war es gewohnt, das zu tun, was Erwachsene sagen. Von meiner Mutter hatte ich gelernt, daß ich nur ein „Lebensrecht" habe, wenn ich ihre Wünsche erfülle, wenn ich mich so verhalte, wie sie mich haben will.

Die ersten Jahre kam ich gar nie auf die Idee, mich dagegen zu wehren. Ich ertrug die Schmerzen und den Ekel, ja ich machte sogar noch eine freundliche „Miene" zum bösen Spiel. Denn ich mußte ihm immer wieder sagen, daß es mir Spaß machte. Irgendwann hat sich dieser Ekel und diese Erniedrigung ganz an mir und meiner Person festgemacht. Verstärkt dadurch, daß ich, je älter ich wurde, durch den körperlichen Kontakt sexuell erregt wurde. Das „bestätigte" mir, daß die Verantwortung für dieses Geschehen bei mir lag. Ich fühlte mich so schlecht, wie ein „Abfallprodukt," wertlos und falsch. Denn je schlechter ich mich fühlte, um so mehr wurde ich brav, angepaßt und verschlossen.

In meiner kindlichen Phantasie zeigten sich in dieser Zeit Bilder von mir als Prostituierte. Diese Bilder entsprangen zur einen Hälfte meiner Selbstverachtung, zur anderen wohl einer Äußerung von ihm. Er sagte einmal lachend zu mir, daß er zu einer Dirne wollte, sie verlangte 20.00 DM dafür. Da dachte er sich, das könnte er bei mir billiger haben. Hinzu kam auch der Wunsch nach Rache.

Ich wollte mich an allen Männern rächen. Ich wollte Macht über sie haben und sie genauso erniedrigen, wie er mich erniedrigt hat.

Ja, es war eine kindliche Vorstellung, die ich nie gelebt habe, aber meine Beziehung zu Männern war die ganzen Jahre über sehr ambivalent. Zwischen Kokettieren und Anbieten bis zum Erstarren und Sich-Totstellen.

Wegen einer Berufsausbildung ging ich mit knapp 16 Jahren von zu Hause weg und somit auch von diesem Mann.

Ich versuchte mich nun als „normales" Mädchen zu zeigen, d. h. Kontakt zu suchen zu jungen Männern.

Aber es hat nicht so funktioniert. Entweder blieb ich ein guter Kumpel, oder ich wurde für eine Nacht „vernascht".

Ein einziges Mal hatte ich einen Freund. Doch schon nach wenigen Wochen konnte ich seine Nähe, seine Berührungen nicht mehr ertragen. Ich habe aber ein paar Monate gebraucht, bis ich mich getraut habe, Schluß zu machen.

Ich bin in der Zwischenzeit weiterhin auf die sexuellen Wünsche des Freundes eingegangen, habe sie erfüllt, doch gedanklich und vor allem gefühlsmäßig, war ich nie anwesend. Ich hatte das Gefühl, aus zwei Teilen zu bestehen. Aus einem Körper, mit dem etwas geschieht, und aus meinen Gefühlen, die nicht da sind, wo mein Körper ist.

Auch heute noch, nach sieben Jahren Therapie, fehlt mir noch manchmal der Zugang zu meinen Gefühlen. Sie sind weit weg von mir, ich kann sie nicht wahrnehmen.

Ich wußte, was ich „machen" mußte, ja, ich wußte wie „frau" einen Mann befriedigt. Es war erlernte Technik. *Ich* selbst war nicht vorhanden.

Mir war damals mit meinen 16 Jahren nicht bewußt, daß dies alles mit dem Mißbrauch zu tun hatte. Ich hatte ihn verdrängt und so getan, als ob alles in Ordnung wäre.

Ich dachte, naiv wie ich war, das ist so, das ist normal, daß Männer mit Frauen ins Bett gehen und daß nur sie dabei ihren Spaß haben. Ich kannte es ja nicht anders!

Mit ungefähr 18 Jahren schlug ich eine andere Richtung ein. Ich wendete mich der anderen Seite der Medaille zu, dem Heiligen.

Religiös war ich schon immer. Seit ich denken kann, hat der Glaube, die Beziehung zu Gott, eine wichtige Rolle gespielt. Das mußte mir keiner beibringen. Für mich war es eine Realität, daß es Gott gibt. Sie war in mir drin, diese Gewißheit.

Ich habe mit ihm geredet, so wie mit einem Gegenüber. Immer und immer wieder habe ich ihm mein Leid geklagt und ihn um Wunder gebeten, (aber ihm auch zugesichert, daß ich weiterhin an ihn glaube, auch wenn kein Wunder geschieht!).

Diese „Gespräche" mit ihm haben mir geholfen, meine Kindheit und Jugendzeit zu überleben. So empfinde ich es aus heutiger Sicht.

Ich bin in einem katholischen Umfeld aufgewachsen. Von meinem Elternhaus, von der Schule und der Jugendarbeit kannte ich die religiösen Traditionen und das katholische Brauchtum.

Doch ausschlaggebend für mein vermehrtes religiöses Interesse waren zwei Erfahrungen.

Ich hatte junge Ordensleute kennengelernt, die sich für mich als Mensch interessierten, denen ich wichtig war. Ich erlebte Gemeinschaft und Angenommensein. Und in diesen Begegnungen habe ich, vielleicht zum ersten Mal in meinem Leben erfahren, was die Aussage bedeutet, daß Gott mich liebt. Das hat mich damals, es war auf einem Besinnungswochenende, tief berührt (so weit dies damals eben möglich war).

Und es hat mein Leben immer mehr in eine religiöse, spirituelle, kirchliche Richtung geführt.

Mit 22 Jahren bin ich in eine Ordensgemeinschaft eingetreten.

Dort hatte ich die ersten Jahre eine sehr glückliche Zeit erlebt.

Das Postulat und Noviziat waren eine bereichernde Erfahrung. Ich habe mich mit viel Begeisterung auf das Klosterleben eingelassen. Ich fühlte mich am rechten Platz. Ich liebte dieses Leben, ich wollte nichts anderes. Doch schon während der Noviziatszeit und vor allem danach gab es Situationen, mit denen ich nicht umgehen konnte.

Da gab es immer wieder Zeiten, in denen ich in „depressive"

Löcher fiel, aus denen ich anfangs zwar wieder schnell herauskam, doch kamen sie in immer kürzeren Abständen wieder. Zum anderen wurde ich beim Thema „Frauen und Männer" besonders in Bezug auf Kirche, zeitweise aggressiv, unsachlich, reagierte „unverhältnismäßig", ja, ich fühlte mich zutiefst betroffen. Es hatte mit mir zu tun, aber mir war der Zusammenhang nicht klar.

Im Laufe der Jahre erkannte ich die Ursache. Ich war enttäuscht und aufs neue verletzt, weil ich als Frau in dieser Kirche um meinen Wert und meine Daseinsberechtigung als vollwertiges Mitglied kämpfen mußte. Ich war in einem Frauenkloster von sichtbaren und unsichtbaren Männern umgeben, die alle vorgaben zu wissen, was gut für mich/uns sei. Ja, ich fühlte mich wieder mißbraucht und benützt.

Vielleicht haben diese Erfahrungen in mir die Bilder des sexuellen Mißbrauchs wieder lebendig werden lassen. Denn sie tauchten auf, z. B. während der Meditation, und mit ihnen die Angst, daß jemand hinter mein Geheimnis kommen könnte.

Ich dachte, wenn meine Mitschwestern wüßten, wie „unkeusch" und wie schmutzig ich bin, dann wären sie nicht mehr so freundlich zu mir.

Ich versuchte auf spiritueller Ebene, durch Beten und Meditation, damit fertig zu werden. Ich wollte die Bilder los werden, frei werden von diesen inneren Ängsten und dem Gefühl „unwert" zu sein. Ich wollte so gern daran glauben können, daß ich von Gott bedingungslos geliebt werde, aber es kam nicht durch zu mir.

Obwohl es für mich nun immer schwerer wurde, im Orden zu leben, legte ich die Ewigen Gelübde ab. Ich wollte weiter dieses Leben führen. Die Idee des Ordensleben hat mich nicht losgelassen. Mittlerweile lebte ich nun schon über acht Jahre dort. Und es gab für mich auch viele gute und befriedigende Erlebnisse in der Gemeinschaft.

Doch auch die depressiven Phasen kamen häufiger, und es wurde zusehends schwieriger, aus diesen Phasen herauszukommen. Es zeigte sich immer deutlicher, daß ich Hilfe brauchte. Da ich in dieser Zeit auch beruflich mit einer Mitarbeiterin Schwierigkeiten hatte, ging ich zu einer psychologischen Beratungsstelle. Auch während dieser Gespräche drängten sich wieder Bruchstücke meiner Vergangenheit herauf. Doch ich konnte erst nach einigen Monaten laut aussprechen, was mit mir geschehen war. Und gleichzeitig, in dem Augenblick, als ich zögerlich und ängstlich darüber zu reden begann, hatte ich das Gefühl, daß nichts mehr so war wie vorher.

Nach einigen weiteren Gesprächen suchte ich mir eine Therapeutin, weil ich mich bei einer Frau sicherer fühlte. Doch nach einigen Sitzungen habe ich die Therapie abgebrochen, ich habe mich dort nicht wohl gefühlt.

Was mir in dieser Zeit des Bewußtwerdens sehr gut getan hat, war die Unterstützung durch einige Mitschwestern und Oberinnen. Es war für sie sicher nicht einfach, mich und meine Situation zu verstehen. Sie haben mich in diesem „Umbruch" begleitet und oftmals mich ausgehalten.

Meine Depression nahm zu, ich sonderte mich mehr und mehr von der Gemeinschaft ab. Meine Gedanken und Gefühle gingen wild durcheinander, nichts war mir recht, alle/s um mich herum „nervte".

Eine Lösung aus dieser chaotischen Situation sah die Ordensleitung in einem Aufenthalt in einem Therapiezentrum. Dort hatte ich die Möglichkeit, Abstand von der Gemeinschaft zu bekommen und somit Zeit, in Ruhe über mich nachzudenken, und mit therapeutischer und spiritueller Hilfe meine Lebensgeschichte anzuschauen.

Diese Wochen waren für mich bedeutsam. Doch ich sollte später erfahren, daß dies erst ein kleiner Schritt auf einem langen Weg war. Nach dem Aufenthalt in dem Therapiezentrum wollte ich wieder am Leben der Gemeinschaft teilnehmen, mich mit neuen Kräften einbringen. Doch es kam ganz anders!

Innerhalb weniger Wochen wurde ich depressiver denn je zuvor. Mein Alltag war eine Qual, die Traurigkeit schien diesmal ins Bodenlose zu gehen.

Ich suchte mir eine Therapeutin in der Nähe des Klosters. Zu ihr ging ich wöchentlich in die Therapiestunde. Dieser Frau gelang sehr gut, meine Welt, meine Gefühle wahrzunehmen. Mit ihrer Hilfe gelang es mir, mich und mein Gewordensein, Schritt für Schritt zu akzeptieren. Ich spürte bei ihr, daß sie mich auch in meinen religiösen Werten achtete und Ordensleben als *eine* Lebensweise sehen konnte.

Jedoch erst einmal ging es weiterhin in die Tiefe. Nach einem halben Jahr Therapie habe ich Tabletten genommen. Ich wollte nicht sterben, aber ich wollte *so* nicht mehr weiterleben. Doch ich fühlte mich unfähig, Lebensentscheidungen zu treffen. So flüchtete ich nach innen. Ich war es seit meiner Kindheit gewohnt, mich zu verkriechen, in meine Welt abzutauchen, warum also nicht ganz weg sein?! Jetzt, nachdem ich am tiefsten Punkt angekommen war, hatte ich die Chance, wieder nach oben zu kommen. Nach weiteren sechs Monaten Therapie war ich soweit, daß ich mich für eine Beurlaubung vom Kloster entscheiden konnte.

Durch die Therapie wurde mir mehr und mehr bewußt, in welchem Zusammenhang mein Mißbrauchserlebnis und die Entscheidung für das Ordensleben stand. Dies ist jedoch nicht einfach in Worte zu fassen. Es sind nicht klare, eindeutige Begründungen. Es fühlt sich an wie ein Verwobensein zu einem Gesamtbild, das ich bin, das mich ausmacht.

Einzelne Gründe kann ich benennen, so wie zum Beispiel das Bedürfnis nach Schutz und Sicherheit. Schutz und Sicherheit vor der Welt um mich herum, zu der ich mich nie ganz dazugehörig fühlte und im besonderen vor den Männern.

Ich wollte nicht gesehen werden – als Frau. Obwohl ich inzwischen schon erwachsen war, fühlte ich mich als Kind, das immer noch hilflos und schutzlos den Erwachsenen ausgeliefert ist. So habe ich mich auch (im Kloster) verhalten.

Doch ein Teil von mir entwickelte sich weiter und wurde lebendiger. Ich spürte zusehends meine Kräfte und meine Fähigkeiten erwachen. Diese konnte ich aber lange Zeit nicht zulassen, und dieser Zustand lähmte mich und machte mich depressiv. Die Entscheidung für die Beurlaubung war ein erster Schritt aus dieser Lähmung heraus.

Ich habe mich unter anderem so lange gegen die Beurlaubung gewehrt, weil ich gerne an meinem Versprechen, an meiner Profeß, festgehalten hätte. Dieser „Treuebruch" hat mir zu schaffen gemacht. Ich fühlte mich als Versagerin, bis mir bewußt wurde, was es heißt treu zu sein. Es gibt (auch) eine Treue zu sich selbst. Gleichzeitig mit meiner „menschlichen" Entwicklung erlebte ich auch spirituell mehr Weite. Vor allem das Bild vom „lebendigen Gott" prägte meine Sichtweise.

„Ich bin der lebendige Gott – und ich will, daß auch du lebst."
Diese Aussage wurde für mich zur Lebensrichtung. Ich suchte
diesen lebendigen Gott in meinem Leben. Ich begann ihn in allem zu sehen, was mir ermöglichte, *mehr* zu leben, mehr Lebendigkeit und Echtheit zu gewinnen.

So fand ich auch sehr schnell eine neue Arbeitsstelle und eine
Wohnung. Ich war nun bereit, mich in das Leben zu wagen, ohne
„Schutzmauern".

Da ich aber weiterhin noch Unterstützung benötigte, ging ich
regelmäßig in die Therapie und zur spirituellen Begleitung. Inzwischen sind die zwei Jahre Beurlaubung schon vorbei. Ich bin
nicht mehr in die Ordensgemeinschaft zurückgekehrt.

Die Beurlaubung hat mir gezeigt, daß es stimmiger für mich ist.
Auch wenn es einerseits sehr schmerzhaft ist, denn ich lasse
dort gute Freundinnen zurück.

Ich erkannte, daß das Ordensleben für mich ein wichtiger Entwicklungsabschnitt war. So kann ich heute sagen, es hat gestimmt, daß ich eingetreten bin. Aber es stimmt auch, daß ich
jetzt einen anderen Weg gehen „muß".

Zwölf Jahre im Orden, zwölf die Zahl der Fülle, ist für mich
Symbol, daß meine Ordenszeit gefüllt, erfüllt war.

Ich brauchte diese Zeit und diesen Ort, um in einem geschützten „Raum" nachreifen zu können. Heute denke ich, daß ich
mir unbewußt eine gute Möglichkeit gesucht habe.

Meine Suche geht weiter, denn auch nach sieben Jahren Therapie sind nicht alle meine Schwierigkeiten aufgelöst. Immer wieder gibt es Situationen, die mich lähmen und behindern. Doch
ich kann immer mehr Handlungsfreiraum erkennen und für
mich, mein Leben, entscheiden.

Diese „Suche" bleibt vermutlich mein Lebensthema. Es ist schön
für mich zu erleben, daß ich das Lebendige immer mehr entdekken und wahrnehmen kann.

Und ich wünsche mir, daß ich wie die hl. Klara von Assisi mit
jedem Tag mehr sagen kann: „Gott, ich danke dir, daß du mich
erschaffen hast."

## 2. „Auch Gott hat mich nicht beschützt"

Ich erinnere mich an kaum etwas. Ehrlich gesagt, ich will mich nicht erinnern. Es ist keine bewußte Entscheidung. Manchmal sage ich zu mir selbst: „Hör mal, du mußt das anschauen, dann wird es dir viel besser gehen." Aber mein Inneres reagiert wie mit einem Schrei: „Nein!" Meine Therapeutin sagt, daß es normal ist, wenn ein Erwachsener, der als Kind mißbraucht worden ist, sich nicht erinnert – eine Art Amnesie. Also, ich habe mit Sicherheit eine Amnesie.

Als ich die Therapie begann, hatte ich keine Ahnung, was mir fehlte. Alles ging immerzu schief. Ich verwickelte mich andauernd in verrückte Beziehungen mit Frauen. Es waren diese herrischen, mütterlichen Typen, die sich um mich kümmern wollten. Sie spürten, daß ich viel litt, und ich glaube, das zog sie an. Sie brauchten es, mich zu trösten. Ich brauchte den Trost.

Am Anfang fühlte es sich famos an. Ich dachte: „Ahhhh, jemand, der dafür sorgt, daß ich mich besser fühle." Aber dann meinte ich in der Falle zu sitzen, und meine Angst kam voll zum Ausbruch. Ich wollte davonlaufen, aber ich wußte nicht, wie ich entkommen konnte. Ich fühlte mich machtlos.

Ich konnte nicht verstehen, was in mir ablief. Es war wie ein verwirrtes, undurchschaubares Chaos. Die meiste Zeit meines Lebens war so, und für mich schien das normal zu sein. Aber andere Leute beschrieben mich als „gequält", „isoliert" oder „besessen". Ich muß zugeben, daß ich mich immer angespannt und sehr allein gefühlt habe, aber das schüttelte ich einfach ab. Schließlich habe ich mich wirklich in ernste Schwierigkeiten gebracht. Ich war Pfarrer in einer kleinen Gemeinde. Ich fühlte mich einsam, müde und überarbeitet. Als Joyce mir ihre Hilfe anbot, war ich so erleichtert. Sie wollte helfen. Sie organisierte das Pfarramt und änderte den Zeitplan für die Gottesdienste. Sie veranstaltete ein Gemeindepicknick und beaufsichtigte die Kollekten. Sie war einer dieser Menschen, die die Dinge in die Hand nehmen, und genau das tat sie. Und sie war auch für mich da.

Unsere Beziehung entwickelte sich langsam. Ich litt unter starken inneren Qualen. Ich brauchte jemanden, und sie wollte mir helfen. Anfangs, wenn sie mich umarmte, entspannte ich mich innerlich und die Verkrampfung schwand. Mein Geist war von ihr erfüllt, und ich konnte an nichts anderes denken. Nichts sonst schien eine Rolle zu spielen – sie würde mich beschützen. Ich konnte der Sache kein Ende setzen, selbst wenn ich das gewollt hätte.

Zuerst half ich ihr – ich brachte ihr die Grundregeln der Gemeindeverwaltung und Seelsorge bei. Nach kurzer Zeit war die gegenseitige Faszination spürbar. Wenn sie mich ansah, war es, als blickte sie in mein Innerstes. Ich wußte, daß ich verrückt war. Ich setzte alles aufs Spiel: meine Gemeinde, meinen Ruf, mein Priesteramt. Aber ich zog mich nicht zurück; stattdessen wurde die Beziehung immer intensiver. Es fühlte sich phantastisch an – zumindest am Anfang.

In einigen der Bücher, die ich gelesen habe, wird so etwas eine „wiederholte Zwangshandlung" genannt. Ich wiederholte also zwanghaft bestimmte Aspekte einer früheren, von Mißbrauch geprägten Beziehung, um ein bißchen innere Heilung zu finden. Es ist wie bei der Frau, die in einer Familie von Alkoholikern aufwächst und später einen Alkoholiker nach dem anderen heiratet. Es klingt verrückt, aber es war tatsächlich eine fehlgeleitete Bemühung, die inneren Wunden zu heilen, eine in Wirklichkeit destruktive Situation zu meistern. Unglücklicherweise sind solche „wiederholten Zwangshandlungen" von vornherein zum Scheitern bestimmt. Sie wiederholen nur den Teufelskreis des Mißbrauchs.


**Mein Leben fiel in Stücke**


Ich fand auf dem schwierigen Weg hinaus. Mein Leben fiel in Stücke. Die Gemeindemitglieder hätten blind sein müssen, um nicht zu spüren, daß etwas völlig falsch lief. Ich war so blind für das, was geschah, daß es mir niemals auch nur dämmerte, jemand könne es bemerken. Außerdem, was wäre da zu bemerken gewesen? „Es ist nur eine gesunde Freundschaft," sagte ich mir selbst. Joyce und ich verbrachten immer mehr Zeit zusammen, und ich war immer seltener in der Gemeinde. Ich konnte an nichts anderes mehr denken, ich war wie besessen.Die anderen MitarbeiterInnen machten sogar Kommentare, aber ich hörte nicht wirklich zu.

Die erste Ahnung, daß etwas verkehrt war, kam mir, als ich merkte, daß ich nur noch „weglaufen" wollte. Ich war verspannt und hatte Angst. Ich merkte, daß ich immer gereizter wurde und innerlich die Kontrolle verloren hatte. Ich entfremdete mich den anderen und mir selbst.

Auch die Beziehung zwischen Joyce und mir hatte sich verändert. Zuerst war ich ihr Mentor gewesen. Dann übernahm sie die Kontrolle über mein Leben. Sie wurde der inoffizielle Filter für diejenigen, die mich treffen wollten. Niemand gelangte ohne ihre Zustimmung in mein Büro. Sie sagte, ich sei überarbeitet und brauche Hilfe. Ich hatte tatsächlich Probleme mit Grenzen, damit, die Leute in der richtigen Distanz zu halten. Es fühlte sich an, als fielen alle andauernd über mich her. Mein Leben war außer Kontrolle geraten, und Joyce versprach, es wiederherzustellen. Am Ende fühlte ich mich erstickt und fremdbestimmt. Meine Seele schrie, und ich wollte weit weglaufen.

Noch hatte ich nicht wirklich den Wunsch, etwas zu ändern, denn es war mir noch nicht klar, wie schlimm alles war, trotz der Dinge, die ich von allen zu hören bekam. Schließlich konfrontierten mich die Gemeindeangestellten und meinten, dies sei nicht das erste Mal, daß ich so eine Beziehung gehabt habe. Sie nannten zwei weitere. In Wirklichkeit waren es mehr gewesen. Immer dasselbe: Eine attraktive, dominante Frau gewinnt aktiv Interesse an mir. Ich fühle mich beschützt und in Sicherheit; sie sorgt für Wärme und Entspannung. Aber dann wird es zuviel, ich fühle mich bedroht und will davonlaufen. Aber ich kann nicht. Ich bin hilflos und habe keine Kraft. Dann steigt meine Angst und die ganze Situation explodiert.

Der Superior meines Ordens sagte mir, daß ich kompetente Hilfe brauchte. Ich hörte das nicht gern, aber ich stimmte zu, weil er darauf beharrte. Meine Therapeutin erzählte mir später, ich sei in einem ziemlich schlimmen Zustand gewesen, als ich zur ersten Stunde kam. Ich sei dabei, zu „dekompensieren," was bedeutete, daß ich auseinanderfiel. Irgendwie wußte ich das. Was ich aber wirklich nicht wußte, war, wie schlimm die Lage war, wie es dazu gekommen war, und was getan werden konnte, um mein Leben zu heilen.

Ich brauchte lange, um mich bei der Therapeutin wohlzufühlen. Ich war nicht gewohnt, mein Herz irgendwem zu öffnen – auch nicht mir selbst. Sie sagte, ich sähe angespannt aus. „Natürlich bin ich angespannt," sagte ich, „es ist eine harte Welt da draußen, und ich stehe sehr unter Druck." Ich wußte nicht, daß es da eine Menge inneren Druck gab, den ich nicht bewußt wahrnahm. Als die Therapie fortschritt, begann ich mich ein klein wenig (nicht viel!) zu entspannen. Bruchstücke fielen mir wieder ein. Es waren vage, vergessene Bilder im dichten Nebel. Ich dachte, es handelte sich nur um Phantasien, wie jeder sie hatte, aber komischerweise kamen sie immer wieder zurück und hatte einen großen Einfluß auf mich.

Ich konnte eine Hand sehen, die sich nach mir ausstreckte. Ich sehe die großen Finger, wie sie immer näher kommen, und ich spüre, daß ich klein bin. Als die Hand sich nähert, beginne ich mich zu verspannen. Jeder Muskel wird hart. Ich habe nicht die Kraft, die Hand aufzuhalten. Ich kann sie nicht abwehren, und ich will schreien! ... Aber kein Ton kommt heraus.

Ich kann nichts tun, also verspanne ich mich, als könnte ich dadurch, daß ich die Muskeln richtig anspanne, die Hand davon abhalten, mich zu berühren – oder wenigstens werde ich es dann nicht richtig spüren. Es ist ein schreckliches Bild, das mich immerzu verfolgt. Ich kann es nicht loswerden. Ich bin verspannt und habe Angst, wohin ich auch gehe.

Ich wirke so verletzlich – im negativen Sinn. Ich kann mich nicht vor den Forderungen anderer schützen. Ich kann nicht „Nein" sagen. Es ist einfach, mich zu überreden. Ich fühle mich allen Menschen gegenüber ausgeliefert. Wie kann ich mich schützen? Ich will mich in einem kleinen Zimmer verstecken und die Tür zumachen und absperren. In der Öffentlichkeit sitze ich am liebsten in einer Ecke mit dem Rücken zur Wand. Ich wünschte, ich hätte ein Gewehr, um mich zu verteidigen ... aber ich weiß, ich würde es sowieso nie abfeuern.

Andere Menschen sehen entspannt aus. Offenbar genießen sie das Leben. Sie wirken, als fühlten sie sich in Sicherheit. Ich mißgönne ihnen das nicht. Ich freue mich für sie. Aber ich verstehe es nicht. Ich weiß nicht, wie es sich anfühlt, „in Sicherheit" zu sein. Ich fühle mich, als sei ich voller Knoten. Um zu beschreiben, wie sich das anfühlt, verwende ich gerne das Bild eines Seils, eines dieser dicken Taue, bei denen alle Stränge miteinander verwoben sind, bis sie zu einem gedrehten, verknoteten Seil werden. Ich wünschte, ich könnte es lösen, aber es gelingt mir nicht.

Als ich in Therapie war, hatte ich einen wichtigen Traum; damals fiel mir das Bild des Seils zum ersten Mal ein. Ich träumte, ich sei in einem Haus. Im Obergeschoß war alles in Ordnung. Die Leute lachten und hatten Spaß. Aber dann spürte ich, daß etwas im Keller nicht stimmte. Ich ging hinunter, und da war ein kleiner Junge mit einem Seil um den Hals. Er hing in einer Schlinge des Seils, aber er war zu leicht und zu klein, um darin sofort zu ersticken. Stattdessen rang er heftig um Luft und starb langsam.

Zum ersten Mal stand ich meinen inneren Gefühlen gegenüber. Ich fühlte mich wie ein kleiner Junge mit einer Schlinge um den Hals, der allmählich erstickte. Dann bat mich meine Therapeutin, etwas zu tun, was mir ein wenig eigenartig vorkam. Sie sagte: „Können Sie sich vorstellen, *das Seil zu sein?*" „Das ist doch Blödsinn," dachte ich, „ich bin nicht das Seil, ich bin der kleine Junge in dem Traum." Ich versuchte es trotzdem. Und als ich mich in die Rolle des Seils hineinspürte, merkte ich, wieviel Druck und Spannung in meinem Leben waren. Ich bin dieses Seil. Oh Gott, ich wünschte, ich könnte es lösen.

Die Leute beklagen sich, daß ich mich ihnen gegenüber nicht öffne. Sie sagen, ich sei nervös und distanziert. Vielleicht ist das wahr, aber ich fühle mich viel sicherer dabei. Ich verbringe viel Zeit allein; es geht mir dann besser. Ich bin lieber allein, als daß ich mißbraucht werde, und für mich existieren offenbar nur diese zwei Alternativen. Manchmal bin ich einsam, und das tut weh, aber diesen Schmerz kann ich aushalten. Es gibt Schmerzen, die ich nicht ertragen kann ...

Das Bild mit der Hand verfolgt mich immer noch. Manchmal stelle ich mir vor, daß sie mich tatsächlich berührt, und einen Moment lang fühlt es sich gut an. Dann werde ich sexuell erregt und beginne mich schuldig zu fühlen. Etwas ist da nicht ganz in Ordnung. Und dann stürzt das Dach ein. Ich bin sehr verstört und habe Angst, verliere innerlich die Kontrolle.

Ich habe gelernt, daß alles, was mir ein sinnliches, gutes Gefühl gibt, nicht erlaubt ist. Man ist schuldig, wenn man diese Berührung fühlt. Man kann die Schuld verringern, wenn man sich anspannt, das ist das einzige, was man tun kann. Die Botschaft lautet: „Entspann dich nicht, verlier nicht deine Wachsamkeit, denn du weißt, was dann passiert." Ich weiß allerdings, was geschehen wird, also bin ich stets wachsam.

## „Vielleicht war sie einfach nur neugierig"

Ich glaube nicht, daß sie wirklich verstanden hat, was sie mir antat. Sie war jung, dunkelhaarig und attraktiv – wie wohl alle Babysitter. Vielleicht war sie einfach nur neugierig. „Was könnte es einem so kleinen Kind schon schaden? Er ist so klein, er wird sich nie daran erinnern." Ich bin ihr nicht böse, glaube ich, aber wenn ich ein Gewehr hätte (in meiner Phantasie?), würde ich ihr einen Schuß in den Kopf verpassen. Es wäre ein sauberer, definitiv tödlicher Schuß. Vielleicht würde mich dann das Bild von der Hand, die auf mich zukommt, nicht mehr verfolgen. Kinder können sich erinnern.
Sie kam oft zu uns ins Haus. Äußerlich wirkte sie nett. Sie lächelte, und meine Mutter mochte sie. Mein Vater hatte meine Mutter einige Jahre zuvor verlassen. Meine Mutter hieß die Babysitterin willkommen, und ich erinnere mich, daß ich schreien wollte: „Sie ist nicht das, wofür du sie hältst. Laß sie nicht rein zu mir. Schick sie weg." Aber ich war zu klein.
Zuerst mochte ich es, daß sie mir Aufmerksamkeit schenkte. Ich war allein. Ich kannte meinen Vater nicht, und meine Mutter arbeitete Tag und Nacht. Sie tat ihr Bestes. Wie hätte sie wissen können, was geschah? Die Babysitterin paßte auf mich auf, und mir ging es gut. Außer ihr gab es niemanden, der mich jemals berührte. Ich sehnte mich danach, berührt zu werden. Aber ihre Berührungen brachten mich durcheinander. Ich mochte es, aber da waren auch noch andere Gefühle, die ich nicht begreifen konnte, weil ich zu jung war. Ich konnte unsere Beziehung nicht verstehen. Babysitter sind „große" Leute und müssen die „kleinen" Leute beschützen. Ich war klein. Was sie tat, fühlte sich nicht wie Beschützen an. Berühren die Großen die Kleinen auf diese Art und Weise? Ich war verwirrt?

Ich glaube, in ihren Augen war etwas Böses. Sie glitzerten mich voll begehrlicher Sehnsucht an. Wenn ich sie so malen würde, wie ich sie tief innerlich sehe, dann als Hexe. Ihre Finger wären lang, knochig und häßlich. Sie würde mich anschauen, als sei ich ein Leckerbissen. Sie würde mich auffressen wollen, wie im Märchen von Hänsel und Gretel. Als sie kam, wurde ich verschlungen.

Ich lasse es nicht mehr zu, daß mich jemand berührt. Ich sehne mich danach, daß mich jemand hält – damit ich mich entspannen kann –, aber ich kann die Berührungen nicht aushalten. Es ist schwierig, andere davon abzuhalten, einen anzufassen. Heute will jeder den anderen umarmen. Sie sagen: „Wenn man sich nicht umarmen läßt, ist man nicht offen," oder: „Du mußt einfach nur vertrauen." Ich kann das nicht. Und wenn die Leute es mir aufzwingen, fühle ich mich wieder mißbraucht.

In einigen der Bücher, die ich gelesen habe, steht, daß Mißbrauch häufig geheimgehalten wird, und daß es der Anfang des Heilungsprozesses ist, dieses Geheimnis so früh wie möglich zu offenbaren ... Wie hätte ich das tun können? Damals war ich so klein, ich kannte kaum genügend Wörter, um zu sagen, daß ich Hunger hatte oder müde war. Ich war nicht in der Lage, über etwas, das ich nicht verstehen und selbst kaum glauben konnte, zu sprechen. Außerdem vermittelten die „großen" Leute mir die folgende Botschaft: „Diese Dinge sind geheim und mächtig; wir sprechen nicht davon." Und ich wurde so erzogen, daß ich tat, was die „Großen" mir sagten.

Irgendwie wußte ich, daß ich Schuld daran hatte. Ich fühlte mich wie ein dreckiger, ekliger kleiner Junge. Im Kopf war mir bewußt, daß es nicht meine Schuld war, aber ich konnte mein Gefühl nicht davon überzeugen. Mein Inneres sagte mir, daß ich dabei mitmachte und auch etwas davon hätte. Ist es meine Schuld? Es muß so sein. Warum geschah es sonst? Ich war brav, oder? Aber wenn ich brav war, warum geschahen dann diese bösen Dinge? Ich konnte nur zu dem Schluß gelangen, daß ich böse sein mußte.

In einigen Büchern ist zu lesen, daß sexueller Mißbrauch den zukünftigen Beziehungen eines Kindes ernsthaft schaden kann. Man geht davon aus, daß es für das Kind schwierig ist, zwischenmenschliche Bindungen einzugehen, daß es andere als potentielle Mißhandler betrachtet und die Welt als feindlichen Ort wahrnimmt ... Ich habe nicht das Gefühl, daß meine Zukunft dadurch zerstört worden ist, denn selbst das Konzept einer Zukunft bedeutet für mich überhaupt nichts. Wann immer ich höre, wie ein Priester über den Himmel spricht, so ist das für mich nichts als ein leeres Konzept. Ich kann mir nicht vorstellen, daß jemand stirbt (d.h. eine schreckliche Erfahrung durchmacht) und danach einen Ort des Friedens und der Ruhe findet. Ich habe eine schreckliche Erfahrung durchgemacht, und jetzt harre ich einfach aus.

Auch die Idee der Hoffnung kann ich nicht verstehen. Für mich bedeutet Hoffnung, daß in der Zukunft etwas Gutes geschehen wird. Ich meine, andere Menschen sollten hoffnungsvoll sein, und ich sehe auch, daß ihnen Gutes widerfährt. Ich kann mir nicht vorstellen, daß es mir auch so gehen kann. Mein Kopf sagt zu meinem Gefühl: „Das ist verrückt. Du bist nicht anders als alle anderen. Dir ist bereits Gutes geschehen. Laß den ganzen Müll los und hab ein bißchen Hoffnung." Es funktioniert nicht.

Meine Therapeutin hat mir Mut gemacht, einen inneren Dialog zwischen dem „Elternteil" und dem „kleinen Jungen" in meinem Inneren zu führen. Ich habe damit angefangen. Der Elternteil sagt zu dem kleinen Jungen: „Also, was willst Du eigentlich? Warum entspannst du dich nicht und bist glücklich?" Die Antwort des Jungen ist deutlich: „Ich werde das solange nicht tun, bis jemand mir zuhört und meinen Schmerz wahrnimmt." Der innere Elternteil sagt, er verstehe nicht, wovon der kleine Junge mit dem Seil um den Hals eigentlich spricht. Der Junge antwortet: „Genau das ist das Problem! Du hörst mir gar nicht wirklich zu, wenn ich von meinem inneren Schmerz spreche. Du hast keine Ahnung, wie schlecht es mir geht. Du gibst mir keinen Schutz."

Meine Eltern haben mich nicht beschützt. Vater war fort. Mutter arbeitete. Sie wußten von nichts. Sie kannten das Geheimnis nicht, bis Jahre später die dunkelhaarige Dame festgenommen wurde. Es ist schwer für einen kleinen Jungen, ein so großes Geheimnis so lange mit sich herumzutragen. Es war zu schwer für mich.

Auch Gott hat mich nicht beschützt. Warum sollte Gott auf einen hilflosen kleinen Jungen aufpassen? Es war nicht fair.

Manchmal lese ich in der Bibel und stelle mir vor, daß Jesus auf mich zukommt. Ich versuche, mich selbst als Teil der Geschichte zu sehen und eine echte Beziehung mit ihm zu erleben. Aber wenn ich ehrlich zu mir selbst bin, muß ich zugeben, daß ich ziemlich eigenartig reagiere, wenn Jesus in meine Nähe kommt. Anstatt ihn willkommen zu heißen und zu umarmen, was ich gerne tun möchte, würde ich ihn in Wirklichkeit am liebsten niederschlagen. Ich bin böse auf ihn und seinen Vater. Ich mag dieses Gefühl nicht, aber es ist da.

Die PsychologInnen kennen das Konzept der „Introjektion". Sie sagen, wir introjizieren unsere Elternfiguren, das heißt, wir nehmen ihre Persönlichkeit in uns selbst auf. Diese Introjektionen werden ein Teil unserer eigenen Seele, und aus ihnen formen wir häufig unser Bild von Gott und uns selbst. Kein Wunder, daß wir uns manchmal so verhalten wir unsere Väter oder Mütter, denn wir tragen ihr Bild in uns. Ich habe genau dies getan. Das unausgesprochene Gespräch zwischen dem kleinen mißbrauchten Jungen und seinen Eltern, die ihm keinen Schutz gaben, ist ein Teil meines inneren Dialogs geworden. Ich sage zu dem Jungen: „Ich will es wissen. Erzähl mir, was passiert ist." Aber, der Junge beweist mir bald, daß ich es in Wirklichkeit gar nicht wissen *will*. Es ist zu schwierig. Zu schmerzhaft. Ich glaube, ich würde explodieren, wenn es herauskäme, oder zusammenbrechen und unkontrolliert schluchzen – ich glaube nicht, daß ich damit umgehen könnte... also kommt es allmählich heraus. Kleine Stücke, eines nach dem anderen, durchdringen den schützenden Nebel, bis ich sie anschauen kann, solange ich es eben aushalte.

### Die Realität des Mißbrauchs annehmen

Mein schwerster Kampf war, die grundlegende Tatsache zu akzeptieren, daß ich mißbraucht worden bin. Ich mochte meine Babysitterin. Sie war mir nah, es gab, glaube ich, ein Band zwischen uns. Der Rest besteht nur aus Schatten in meinen Träumen und vagen Bildern im Nebel. Man sagt, diese Leugnung kann besonders für ein Kind eine gesunde Funktion haben. Sie kann die fragile Seele davor schützen, mehr Traumata zu erleben, als sie im Moment ertragen könnte. Aber irgendwann wollen Verletzung, Schmerz, Wut und Trauer gehört werden. Sie machen innerlich Lärm, verursachen alle möglichen schlimmen Symptome, etwa meine Verspanntheit und die verrückten Beziehungen, bis sie anerkannt und bearbeitet werden. Ich schwanke hin und her; manchmal gebe ich zu, daß ich mißbraucht worden bin, dann wieder schiebe ich die ganze Sache als reine Phantasie von mir weg.

Aber es muß wahr sein. Ich muß sexuell mißbraucht worden sein. Wenn ich es leugne, wird mein Leben wieder zu einem schlimmen Durcheinander. Wann immer ich sagen kann: „Ja, ich bin mißbraucht worden," fühle ich mich besser. Wann immer ich ein weiteres Stück des vergessenen Puzzles annehmen kann, spüre ich, daß das Seil sich ein klein wenig lockert. Wenn ich dem traurigen, hilflosen kleinen Jungen mit dem schrecklichen Geheimnis zuhören kann, bekommt das Leben einen Hoffnungsschimmer. Es ist eine schwere Aufgabe. Ich mußte viele meiner Auffassungen über mich selbst und die Welt ändern.

Ein Durchbruch geschah, als ich 42 Jahre alt war und Exerzitien machte. Den Großteil des Wochenendes verbrachte ich in Gebet und Schweigen, wie der Exerzitienmeister es uns aufgetragen hatte. Mittendrin erhob sich in mir etwas Mächtiges. Es war eine laute Stimme, die sagte: „Ich will leben!" Ich war wirklich überzeugt, leben zu wollen. Als ich darüber nachdachte, realisierte ich, daß ich mir wirklich 42 Jahre lang gewünscht hatte, zu sterben.

Ich habe niemals bewußt über Selbstmord nachgedacht. Ich kannte meine echten inneren Empfindungen nicht. Stattdessen tat ich kleine Dinge, die mich langsam umbringen konnten. Ich trank zu viel, dadurch hörte der Schmerz kurzzeitig auf – oder wenigstens spürte ich ihn nicht mehr. Ich vollführte waghalsige, eigentlich unnötige Überholmanöver auf der Autobahn. Ich tat immer das Gefährlichste. Wer weiß? Vielleicht wären die Götter mir gewogen, und ich käme ums Leben.

Jetzt ist eine andere Stimme in mir. Es ist eine kraftvolle Energie, die sagt, daß ich leben will. Ich will jetzt leben, aber es ist schwieriger, als es klingt, wirklich zu leben (und nicht langsam zu sterben). Ich muß mich dem Schmerz stellen. Es ist, als hätte jemand meinen ganzen Körper mit Benzin übergossen und hielte ein Streichholz daran. Ich bin umgeben von Schmerz, wie ein buddhistischer Mönch, der sich selbst opfert. Der Mönch ist aber besser dran – sein Schmerz dauert nur kurz.

Jetzt kann ich hören, wie der kleine Junge in mir schreit, und er tut mir leid. Wir weinen gemeinsam, weil es so sehr weh tut. Manchmal wird er wütend, und ich lausche seiner Wut ... Jetzt werde ich ihm eine Stimme geben und ihn zu Ihnen sprechen lassen:

Ich bin allein, unglücklich und verletzt. Niemand hört mir zu – kein einziger Mensch. Auch du nicht. Ich habe keinen, der mir hilft und mich beschützt. Ich mußte mich ganz allein durch eine Welt schlagen, die für mich zu groß und mächtig ist. Ich bin voller Wut und Ärger. Ich mache dein Leben abscheulich, so lange, bis du mir zuhörst. Ich will nur, daß mir jemand zuhört. Jemand, der mich an einem warmen, sicheren Ort in den Arm nimmt. Ich brauche jemanden, der auf mich aufpaßt, ohne mir wehzutun. Aber es ist schwierig für mich, dir zu vertrauen; also mußt du achtsam mit mir sein und darfst mich nicht drängen. Ich möchte einfach, daß du in einer gewissen Entfernung bleibst, damit ich dich sehen und deine Stimme hören kann. Langsam lerne ich vielleicht, dir zu vertrauen. Aber faß mich niemals an – es ist mir egal, wie gut du es meinst; bitte faß mich nicht an.

## Hoffnungszeichen

Zu Anfang war es schwer, dies anzuhören. Ich hatte nicht erwartet, daß es in mir so aussah. Aber ich wußte, das es stimmte, als ich es hörte. Das innere Durcheinander wird ein wenig klarer. Ich beginne, mich selbst zu verstehen.

Die Ironie dabei ist, daß ich mich umso besser fühle, je mehr ich dem verletzten einsamen Kind zuhöre. Der Knoten löst sich allmählich, und es gibt Augenblicke, in denen ich mich wirklich frei fühle. Ich habe noch eine weite Strecke vor mir, aber ich bin jetzt auf dem Weg zum Leben. Ich gehe in die richtige Richtung. Es gibt Hoffnung.

Auch meine Therapeutin ist ein Hoffnungszeichen. Sie war ein warmer, sicherer Ort für mich. Es war nicht immer so. Zu Anfang war es schwer für mich, zu lernen, daß ich mich sicher fühlen konnte – ich konnte kaum im selben Zimmer mit ihr sein. Ich habe es ihr höllisch schwer gemacht, aber sie war geduldig. Sie ermutigte mich, ihr über meine Unsicherheit zu erzählen und alles zu tun, was ich brauchte, um mich sicherer zu fühlen. Ich entschied, wieviel Raum zwischen uns sein sollte (einmal setzte ich sie hinaus in den Flur!). Ich konnte sogar entscheiden, in welchem Zimmer wir uns trafen; sie hatte mehrere. Für einen kleinen, normalerweise machtlosen Jungen fühlte ich mich mächtig.

Ich versuche, die Zukunft realistisch zu betrachten. Ich lasse es immer noch nicht zu, daß mich meine Therapeutin oder irgendjemand anders berührt. Ich werde niemals ein völlig entspannter Mensch sein. Die Leute beklagen sich immer noch, daß ich mich ihnen nicht genug öffne. Aber es ist besser als zuvor, und sie lernen, sich in Geduld zu üben. Es gibt sogar einige Priester in meinem Leben, die ich wirklich als „Freunde" bezeichnen kann. Immer noch fühle ich mich besonders (oder soll ich sagen: zwanghaft?) von starken Frauen angezogen, die meinen Schmerz verstehen, aber ich erkenne, woher das kommt, und lasse los. Ich weiß, wohin das führt und daß es niemandem hilft. Ich bin jetzt viele Monate in Therapie gewesen. Auf Gott bin ich immer noch wütend, aber ich denke, er kann damit umgehen. Ich stelle mir immer noch vor, der Babysitterin eine Kugel in den Kopf zu schießen, und ich vertraue meiner Therapeutin nicht völlig. Aber ich sehe die Hand nicht mehr so oft, und wenn sie auftaucht, sage ich ihr einfach, sie soll aufhören, und dann verschwindet sie. Sie kann mir nichts mehr antun. Ich wünschte immer noch, ich könnte es zulassen, daß jemand mich anfaßt, aber ich glaube, das wird nie geschehen.

Mein Superior hat mich die ganze Zeit unterstützt und mich gebeten, in meine Gemeinde zurückzukehren. Die Leute haben mich aufgenommen, als wäre ich ein verlorener, heimgekehrter Sohn. Wir haben zusammen geweint. Es war gut. Joyce ist jetzt in einer anderen Gemeinde, und ich habe gehört, daß sie glücklich ist. Es macht mich froh, von ihr zu hören.

In der letzten Nacht hatte ich einen Traum. Ich wurde von einigen starken, gemeinen Leuten angegriffen. Es war Krieg. Aber ich konnte mich wehren und sie wurden alle gefangengenommen. Ich ging durch ihre Reihen und gab ihnen ihre Waffen zurück, aber ohne die Munition. Ich empfand Mitgefühl und eine Art Verbundenheit. Als ich ihnen die Waffen zurückgab, war es ein Akt der Güte: Ich dachte, sie hätten vielleicht gern eine Erinnerung an den Krieg. Und ich erinnere mich, daß ich dachte und ihnen sagte: „Es ist vorbei. Der Krieg ist vorbei. Wir sind keine Feinde mehr." Ich erwachte mit einem Gefühl des inneren Friedens, und einen Moment lang war ich ruhig.

# 3. „Ich will lieber auf meine innere Stimme hören"

Es zog sich insgesamt fast über ein Jahr lang hin, immer wieder kam er in unregelmäßigen Abständen während der Nacht zu mir. Er spielte an mir herum, bis ich aufwachte. Dann redeten wir über „mein" Problem Selbstbefriedigung, und er bot sich an, mir zu helfen. Wenn ich es nämlich vor ihm „herauslassen" würde, wie er es immer nannte, dann bräuchte ich es ja eine Zeitlang nicht mehr zu machen.

Anschließend lud er mich immer ein, bei ihm zu beichten, und er meinte, ob ich denn nicht Priester werden wollte. Vielleicht rührt es daher, daß ich nach dem Abitur beschloß, in der Kirche arbeiten zu wollen. Als Buße, so erinnere ich mich noch gut, mußte ich immer für mich und für die Priesterkandidaten aus unserem Internat beten, „daß sie einmal als Priester mit ihrer Sexualität klarkommen". Erst heute wird mir klar, daß ich dabei eigentlich immer für ihn beten mußte. Lange Zeit meinte ich, nur mich würde dieses Schicksal treffen. Ich war in dieser Zeit ziemlich verwirrt. Einerseits merkte ich, daß bei dieser Sache irgend etwas nicht in Ordnung war, andererseits hat es mir auch irgendwie gefallen. Es tat mir gut, etwas besonderes zu sein. Ich bekam eine Aufmerksamkeit, die sonst keiner genoß. Ich hatte ein gemeinsames Geheimnis mit unserem Heimleiter, mit dem Mann, vor dem ich sehr viel Respekt hatte, den ich aber auch sehr verehrte, weil er in meinen Augen ein „Superman" war. Ich wollte auch so werden wie er. Was er machte und in die Hand nahm, war perfekt. Vielleicht war es deshalb für mich so schwer, sein Spiel, das er mit mir begonnen hatte, zu durchschauen.

Nach knapp einem Jahr wurde der Fall durch die Eltern von anderen mißbrauchten Mitschülern „aufgedeckt". Oberste Prämisse war aber, vor allem durch die übergeordneten kirchlichen Stellen, daß nichts an die Öffentlichkeit gelangen sollte, „weil wir sonst das Haus zumachen könnten", wie sie sagten, und außerdem ist es zum Schutz für uns Betroffene und unsere Familien. So mußten wir Betroffene vor den Augen des Täters auf die Bitte des stellvertretenden Heimleiters versprechen, niemandem etwas weiterzusagen. Ich wurde auch gebeten, meinen Eltern nichts zu sagen, weil die es bis dahin noch nicht wußten und doch von diesem Vorfall sehr enttäuscht wären und ich sollte ihnen doch das nicht zumuten. Aber ich traute mich soundso nicht, es ihnen zu sagen, weil ich dachte, die würden mir bestimmt nicht glauben. Meine Eltern sind sehr katholisch, und ein Priester ist für sie, vor allem für meine Mutter, unfehlbar. Er konnte also nie so etwas gemacht haben. Somit war ich also zum Schweigen verurteilt. Nie kam seitens des Internats ein Gesprächs- oder Hilfsangebot, von einem Therapievorschlag ganz abgesehen.

Es wurde einfach alles totgeschwiegen. Sieben Jahre lang war es mein Geheimnis, das mich immer wieder beschäftigt hat, ich hatte Schuldgefühle, schließlich hatte ich mich nicht gewehrt und die „besondere Aufmerksamkeit" genossen. Wegen mir, redete ich mir ein, ist der Heimleiter versetzt worden, worauf es mit dem Internat stetig bergab ging. In mir kamen homosexuelle Phantasien auf, die mein schlechtes Gewissen noch verstärkten. Enge Bindungen wurden für mich zu einer Gefahrenquelle. Da müßte ich vielleicht irgendwann mein Geheimnis auspacken, und das wollte ich auf jeden Fall vermeiden. Wegen des inneren Druckes schaffte ich es lange nicht, normale Beziehungen zu Mädchen aufzubauen. Ich dachte immer, wenn sie das erfahren, dann bin ich für sie sofort als schwul abgestempelt.

## Die Auswirkungen auf meine Spiritualität und auf mein Kirchenbild

Es ist schwierig zu sagen, das und das sind die Auswirkungen. Ich weiß ja nicht, wie ich mich und wie sich mein Glaube sonst entwickelt hätten, wenn ich diese Erlebnisse nicht gehabt hätte. Ich glaube aber, gerade dieser Zweifel zeigt doch eine Hauptkonsequenz dieses Mißbrauchs sehr deutlich: Was geblieben ist, ist eine ganz große Verunsicherung, ein Grundzweifel an mir selber, an meiner sexuellen Orientierung, an meinem Glauben, an Gott. Glaube und Religiosität haben ganz eng etwas mit Vertrauen zu tun. Manchmal denke ich, daß mir dieses Urvertrauen irgendwie abhanden gekommen ist und ich somit gar nicht mehr fähig bin zu glauben. Zugleich merke ich, wie sehr ich mich nach einer Art Wiedergutmachung sehne, nach einer Ent-Schuldigung seitens der Kirchenleitung. Aufgrund der engen Verknüpfung des sexuellen Mißbrauchs mit der Beichte kann ich mit diesem Sakrament nichts mehr anfangen. Ich weiß ja nie, ob der das Wissen, das er durch mein Sündenbekenntnis von mir hat, nicht doch irgendwie für seine Zwecke ausnützt.

Ein schwieriger Satz ist für mich der Absatz aus dem Vaterunser: „... *Dein Wille geschehe* ...". War es Gottes Wille, was dieser Heimleiter mit mir gemacht hat? Wenn „Ja", dann möchte ich mit diesem „Gott" nichts mehr zu tun haben. Aber eigentlich kann ich mir das nicht vorstellen. Wenn also aber „Nein", warum ist es trotzdem passiert? Was ist dann mit der angeblichen fürsorgenden Liebe Gottes?! Für mich gibt es dann nur einen Ausweg aus diesem Dilemma, nämlich das „... *Dein* Wille *geschehe*" mit „... *Mein* Wille *geschehe*" gleichzusetzen. In ähnlicher Weise hat sich auch mein Gottesbild gewandelt. Ich kann nichts mehr anfangen mit einem Gott, der irgendwo, in welcher Form auch immer, ist und mir durch die Gebote oder gar durch die Kirche sagt, was ich zu tun oder zu lassen habe. Ich will mir von einer Kirche, die im Bedarfsfall immer Gott vorschiebt, nichts vorschreiben lassen. Ich will Gott nicht als eine Autorität außerhalb von mir haben. Ich will lieber auf meine innere Stimme hören, weil ich Angst habe davor, daß irgendwer von der Institution Kirche und ihrer Repräsentanten im Namen Gottes oder seiner angeblichen Gebote was von mir verlangt, wodurch ich aber nur ausgenutzt und mißbraucht werde. Ich habe begonnen, Gott nur ganz tief in mir zu suchen. Ich glaube, daß Gott nur das von mir will, was ich ganz tief in mir drin auch selber will. Vielleicht schaffe ich es so, wieder Vertrauen zu mir selbst aufbauen zu können. Ich will lernen, mich selber und meine Gefühle ernstzunehmen und auf sie zu hören.

Von den Gottesdiensten bin ich immer mehr enttäuscht, weil ich dort immer das Gefühl bekomme, nicht so in Ordnung zu sein, wie ich bin – gerade was auch meine homosexuellen Neigungen betrifft. Auf die Suggerierung von Schuldgefühlen reagiere ich sehr empfindlich. Mir fällt auf, wie sehr zum Teil, vor allem auch in sogenannten Jugendgottesdiensten, der Bußakt überbetont wird. Ich kann es nicht mehr hören. Mir kommen dann immer gleich eine ganze Flut von Fragen in den Sinn: Was ist mit denen, die an mir schuldig geworden sind? Alle haben sie den Täter gedeckt, haben sich um ihn gesorgt ... und für mich? Ist es eine Sünde, wenn ich immer noch Wut und Rachegefühle dem Heimleiter gegenüber habe, obwohl ich ihm gleich nach dem die Sache aufgedeckt wurde, seine Taten ganz generös verziehen habe? Was ich in diesen Momenten fühle, ist eine ziemlich große Ungerechtigkeit und das Gefühl, ihnen im Grunde doch total egal zu sein, solange nichts nach außen dringt. Vielleicht ist dieser Beitrag auch ein kleiner Versuch, meine Verletzungen in die Welt hinauszuschrei(b)en und mein Geheimnis etwas zu lüften.

Noch etwas anderes beschäftigt mich: Immer wieder liest und hört man die These, daß aus Opfern später einmal Täter werden. Mir bereitete diese Horrorvorstellung viele schlaflose Nächte, besonders dann, wenn ich mir vorstelle, in einem Seelsorgeberuf zu arbeiten. Ich will nicht, daß ich meine Verletzungen anderen Unschuldigen weitergebe. Obwohl ich ganz sicher nicht auf Kinder oder Jugendliche stehe, verunsichert mich diese These. Allein daß ich mir darüber Gedanken machen muß... – ohne meine Mißbrauchserlebnisse wäre ich wohl nie auf die Idee gekommen, mir den Kopf darüber zu zerbrechen. Andererseits sehe ich nicht ein, meine ganze Lebensplanung wegen diesem Heimleiter aufzugeben. Ich hätte dann das Gefühl, diesen Ereignissen mehr Platz in meinem Leben einzuräumen, als ich eigentlich will. Um meine Verletzungen aufzuarbeiten, bin ich seit nunmehr gut einem Jahr in psychotherapeutischer Behandlung. Das ist mir wichtig, um für mich den Umgang damit zu lernen und diese Erlebnisse als Teil meiner Geschichte und Person betrachten und annehmen zu können.

Mein Verhältnis zur Kirche ist zur Zeit noch klärungsbedürftig. Ich merke, daß ich gerne mit einem Seelsorger nochmals darüber ins Gespräch kommen würde. Auch um noch einige Fragen für mich zu klären. Aber irgendwie fällt mir dieser Schritt momentan sehr schwer, weil da doch noch irgendwo die Angst sitzt, daß ich nicht verstanden werde oder daß mir etwas aufgedrängt wird, nach dem ich gar nicht gefragt habe. Zugleich aber denke ich mir, daß durch die in der Seelsorge verwendeten Symbole und Riten diese Tiefen in mir angesprochen werden könnten, wo ich meine Verletzungen spüre. Dabei möchte ich aber meine eigene Form finden und ausprobieren können und nicht irgendeine vorgegebene Schablone abspulen.

Nur so hätte ich das Gefühl, in meiner Verletztheit ernstgenommen zu werden, daß ich trotzdem eine ernstzunehmende Person bin.

*Ein Vater berichtet*
# 4. Ausgegrenzt

Naja, wenn ich heute so zurückdenke, als „pflegeleichtes" Kind konnte man unseren Sohn Erik gewiß noch nie bezeichnen. Er war zwar ein aufgewecktes, munteres Kerlchen und verfügte bereits mit drei Jahren über einen beträchtlichen Wortschatz, aber eine angeborene Schwäche im Bereich der Feinmotorik machte ihn eigentlich schon im Kindergartenalter zum Außenseiter. Nie hatte Erik einen richtigen Freund, so wie die meisten anderen Jungen in seinem Alter. Ab sechs besuchte er die örtliche Grundschule, und auch seine schulischen Leistungen ließen zu wünschen übrig. Dennoch sprach eigentlich nichts dagegen, daß Erik, wie seine Schwestern, zu einem ganz normalen durchschnittlichen Jugendlichen heranwachsen würde. Mit neun Jahren ging er zur ersten hl. Kommunion und danach meldeten wir ihn in einer Jungengruppe der katholischen Jugend an. Unsere diesbezüglichen Erfahrungen waren die besten. Schon meine Frau hatte in ihrer Jugend einer solchen Gruppe angehört und Tochter Barbara war auch seit fünf Jahren – mit viel Spaß – Mitglied einer katholischen Mädchengruppe in unserer Gemeinde. Etwa ein halbes Jahr nachdem Erik damit angefangen hatte an den wöchentlichen Gruppenstunden teilzunehmen, berichtete er uns von einem merkwürdigen Spiel während der Stunden, in dessen Verlauf sich jeweils eines der Kinder entkleiden mußte. Da ich in meiner eigenen Jugend selbst einschlägige Erfahrungen gemacht hatte, wurde ich gleich hellhörig und führte mit dem damals 15jährigen Gruppenleiter ein ernstes Gespräch im Beisein meiner Frau. Ich machte ihm unter anderem klar, daß wir solche Spielchen künftig keinesfalls dulden würden und er, – sollte in dieser Hinsicht noch das Geringste vorkommen, mit ernsten Konsequenzen zu rechnen hätte. Damit – so dachte ich – hatte ich solchen Dingen ein für alle Mal einen Riegel vorgeschoben, zumal ich beim Gruppenleiter so etwas wie Einsicht zu erkennen glaubte.
In den folgenden fünf Jahren schien – oberflächlich gesehen – alles soweit in Ordnung. Doch Erik, bemerkten wir, wurde von

Tag zu Tag verschlossener, und wir ertappten ihn immer häufiger dabei, daß er uns die Unwahrheit sagte. Meine Frau und ich vermuteten natürlich zunächst einmal irgendwelche Fehler bei der Erziehung des Jungen zu machen und suchten die Erziehungsberatung der Caritas auf. Etwa zwei Jahre psychologische Begleitung zeigten jedoch nicht den geringsten Erfolg. Mir kam es so vor, als würden wir uns dabei ständig nur im Kreise um das eigentliche Problem herum drehen, und auf mein Betreiben hin brachen wir die nutzlose Therapie ab.

Dann wurde ich über Nacht schwer krank und unsere Erziehungsprobleme traten naturgemäß erst einmal in den Hintergrund. Ich mußte fast zwei Jahre in einer Klinik zubringen, und relativ schnell wurde klar, daß ich nie mehr ganz auf die Beine kommen würde. Circa ein halbes Jahr nach meiner Erkrankung rückte der damals 14 jährige Erik dann im Gespräch mit seiner älteren Schwester damit heraus, daß ihn sein Gruppenleiter im Alter von elf bis dreizehn Jahren fortwährend sexuell mißbraucht hatte. Für meine Frau war es keine Frage, nachdem sie einige Details in der Aussage Eriks von deren Wahrheitsgehalt überzeugt hatten, die häßliche Angelegenheit umgehend zur Anzeige zu bringen. Trotzdem besprach sie sich vor ihrem Gang zur Polizei noch mit einem guten Bekannten – ich selbst lag ja damals hilflos im Hospital.

Am nächsten Tag unterrichtete sie den Herrn Pfarrer von dem Vorgefallenen, und da es sich bei den Eltern des Gruppenleiters um angesehene Mitglieder unserer Pfarrgemeinde handelte, hätte er – daß war nach den Worten meiner Frau ziemlich offensichtlich – die Sache recht gerne intern geregelt (böswilligerweise könnte man auch formulieren: „unter den Teppich gekehrt"). Überhaupt schien sich, nachdem was sie mir später sagte, der Pfarrer im Verlauf des Gespräches mehr Sorgen um den guten Ruf der Familie des Beschuldigten zu machen, als um den mißbrauchten Jungen.

Als mir meine Frau später im Krankenhaus berichtete, was vorgefallen war, wurde ich von einer Vielzahl von Gefühlen überschwemmt. Im ersten Moment war ich einfach nur geschockt und ungläubig, denn dem beschuldigten jungen Mann war es in den letzten Jahren gelungen, mein Vertrauen zu erwerben. Dann machten sich in mir Enttäuschung, Wut und Entsetzen breit.

Ich dachte bestürzt daran, wie oft wir in der Vergangenheit unseren Jungen zum Besuch der Gruppenstunde – ja, praktisch genötigt hatten, da wir meinten, ihm damit einen guten Dienst zu erweisen. Einfach grauenhaft! An einige damals von Jugendlichen unserer Familie gegenüber gemachten Bemerkungen wie: „Jetzt wird mir einiges klar"; „Bei mir hat er es auch probiert." o.ä. vermag ich mich recht deutlich zu erinnern. Als es jedoch später bei der Kripo ernst wurde, schien plötzlich Erik der Einzige zu sein, bei dem solche Dinge vorgekommen waren. Lediglich in einem weiteren Falle, konnten dem Gruppenleiter noch sexuelle Annäherungsversuche nachgewiesen werden. Mir fiele – gerade dazu – einiges ein, aber ich möchte mich hier nicht in Mutmaßungen verlieren, sondern mich weitgehendst auf die Fakten beschränken. Im Endeffekt wurde der Beschuldigte – fast – freigesprochen, lediglich einer Therapie mußte er sich damals auf Anordnung des Gerichtes unterziehen. Wir konnten es nicht fassen. Schon bald nach der Urteilsverkündung zog er in eine andere Gemeinde und entschwand so aus unserem Blickfeld.

Bei uns im Ort wurde nach der Verhandlung flugs überall „der Freispruch" verkündet, und was danach geschah, war einfach ungeheuerlich. Viele Leute schienen nun auf einmal der festen Überzeugung zu sein, der damals 11 jährige Erik hätte seinen 17 jährigen Gruppenleiter verführt. Er wurde auch fortan von den meisten seiner Altersgenossen innerhalb unserer Gemeinde geschnitten und verächtlich als „der Schwule" abgetan. Kurzum, der Junge geriet recht schnell völlig ins Abseits und muß wohl in diesen Jahren die Hölle durchgemacht haben.

Wir selbst jedoch gleichermaßen, denn Erik lief – als Reaktion auf das, was ihm widerfuhr – fast so etwas wie Amok. Meine Frau – ich selbst war ja damals, wie bereits gesagt, nahezu völlig außer Gefecht gesetzt – konnte ihn praktisch nur noch „mit der Feuerzange anpacken." Es gab kaum eine Dummheit, die er in dieser schrecklichen Zeit nicht gemacht hätte. Wollte man helfen und streckte ihm die Hand hin, konnte man fast sicher sein, daß er darauf trat. Wir mußten uns wirklich für lange Zeit nur noch darauf beschränken, Schaden zu begrenzen. Die meisten „Freunde", die Erik noch anschleppte, waren nicht gerade nach unserem Geschmack, und mit Entsetzen registrierte ich, daß ihr – und auch sein eigenes Haar – immer kürzer wurde. Daß durch unser Häuschen oft laute, sehr aggressive Musik dröhnte, war quasi nur „das Tüpfelchen auf dem i". Einem Außenstehenden plausibel zu machen, was in diesen Jahren in unserer – einstmals absolut intakten – Familie ablief, scheint mir nahezu unmöglich, teilweise sind mir die Dinge auch schlicht gesagt zu peinlich, um sie vor der Öffentlichkeit auszubreiten. Meine Frau hat mir später einmal gestanden, daß sie in jenen Tagen mehr als einmal über Suizid nachgedacht hat.

Erst als er mit neunzehn – nach abgebrochener Ausbildung – zur Bundeswehr einberufen wurde, schien der Junge langsam wieder zur Besinnung zu kommen. Noch während seines Grundwehrdienstes brach er seine Zelte endgültig bei uns ab, bezog mit seiner Freundin eine Wohnung in einem 20 km entfernten Örtchen, und nachdem er den Militärdienst beendet hatte, heirateten die beiden.

Als ich Erik – wir können inzwischen glücklicherweise wieder ganz unbefangen miteinander umgehen – kürzlich auf die Sache ansprach, meinte er, daß er zwar inzwischen die Vorfälle von damals ganz gut weggesteckt hat, daß es ihm jedoch bis auf den heutigen Tag große Probleme bereitet, einen anderen Menschen in den Arm zu nehmen und einfach nur zärtlich zu sein. Wie ich das heute sehe? Nun, zunächst einmal fällt es mir nicht leicht, mich an die schreckliche Zeit zurückzuerinnern. Am liebsten würde ich alles, was geschehen ist, schnell vergessen und verdrängen. Selbstverständlich kann ich nicht alles Schlimme, was uns in diesen Jahren widerfahren ist, am Mißbrauch und seinen Folgen festmachen, doch vieles, was mit Erik zusammenhängt, hatte sicher genau dort seine Ursache. Der Junge hat sich wohl damals von seinem Gruppenleiter so etwas wie Freundschaft erhofft und mußte dann letztendlich feststellen, daß er nur benutzt worden war. Den größten Schaden bei unserem Sohn hat aber zweifelsfrei nicht der Mißbrauch selbst angerichtet, sondern das anschließende – sagen wir mal höchst merkwürdige – Verhalten seines Umfeldes. Meines Erachtens ist der Junge, trotz gegenteiliger Beteuerungen auch heute noch nicht völlig über die Sache hinweg, und ich hoffe inständig, daß er es eines Tages „packt". Wie heißt es doch so schön: „Die Zeit heilt alle Wunden."

# 4. Kapitel
# Spirituelle und seelsorgliche Hilfen
# und Aspekte

*Anselm Grün*

## 1. Sexueller Mißbrauch bei Ordensfrauen und Priestern – spirituelle Aspekte

### 1. Einleitung: Mißbrauch und Ordens

In der Begleitung vor allem von Ordensfrauen stoße ich in den letzten zehn Jahren immer wieder auf das Phänomen des sexuellen Mißbrauchs. Meistens war es ein Mißbrauch durch den Vater, durch Brüder, durch nahe Verwandte oder Freunde der Familie. In der Regel lag der Mißbrauch im Alter zwischen acht und vierzehn Jahren, manchmal aber auch erst mit 15–18 und zwar dann, wenn ein Mädchen von einem Priester begleitet wurde und der Priester diese Situation ausnutzte, um seine eigenen Bedürfnisse zu befriedigen. Fatal ist, daß Frauen, die als Kind mißbraucht wurden, sich gerade an Priester oder Therapeuten wenden, die unter dem Vorwand, ihnen in ihrer Not zu helfen, wiederum ihre Grenzen überschreiten und sie so auf neue Weise verletzen. Oder die Verletzungen gehen weiter, indem eine Schwester sich unbewußt Situationen aussucht, in denen sie permanent verwundet wird, entweder von ihrer Gemeinschaft oder von der Oberin oder einem Mann, unter dessen Leitung sie arbeiten muß.

Oft genug war der sexuelle Mißbrauch unbewußt eines der Motive, die die Frau in den Orden geführt hat. Der Eintritt in den Orden geschah entweder aus Sühne für die Sünde des Täters, oder aber man erhoffte sich einen Schutzraum vor der Bedrohung durch die Sexualität. Sobald der Mißbrauch bewußt wird, fragen sich viele, ob ihre Berufung in den Orden echt ist. Sie geraten in eine ernste Berufskrise und wissen häufig nicht mehr ein und aus.

Ich kann im folgenden nur beschreiben, wie ich in der geistlichen Begleitung mit dem Phänomen des Mißbrauchs umgehe, ohne auf die therapeutischen Aspekte einzugehen. Normalerweise rate ich bei sexueller Ausbeutung immer auch zur Therapie. Denn allein durch die spirituelle Begleitung ist die Mißbrauchserfahrung meistens nicht aufzuarbeiten.

## 2. Mißbrauch und unverletzte Würde

Der sexuelle Mißbrauch ist eine tiefe Verletzung, die bis ins Herz trifft. Wohl kaum eine Verwundung berührt den Menschen mehr in seiner Würde als sexuelle Ausbeutung. Viele Ordensfrauen gebrauchen den Ausdruck, daß sie sich beschmutzt fühlen, daß sie sich wertlos vorkommen. Sie sind benutzt worden, damit sich jemand befriedigen kann. Sobald sie vom Mißbrauch erzählen, spüren sie den Schmerz über ihre Verwundung. Es ist wichtig, daß sie ihren Schmerz ausdrücken können und daß ich ihn ernst nehme. Es ist oft ein langes Tal der Tränen, das sie durchschreiten müssen. Und ich kann dieses Tränental nicht durch falschen Trost abkürzen. Aber dennoch dürfen die mißbrauchten Frauen nicht bei ihrem Schmerz stehen bleiben. Sonst kreisen sie immer wieder um die Vergangenheit und hadern mit Gott und mit ihrem Schicksal, daß ihnen das passieren mußte. Sie ziehen sich immer tiefer nach unten, sehen keinen Sinn mehr in ihrem Leben oder werden depressiv. Daher versuche ich, sie zu dem inneren Raum zu führen, in dem sie keiner verletzen kann, in dem auch der sexuelle Mißbrauch sie nicht erreichen kann. Dort sind sie nicht beschmutzt worden, dort ist ihre Würde noch unberührt, dort sind sie noch heil und ganz.
Der Weg zu diesem inneren Raum geht über das Gebet und die Meditation. Ich versuche, sie anzuleiten, sich in der Meditation vorzustellen, daß der Atem beim Ausatmen in den Beckenraum vordringt, und daß am Ende des Ausatmens ein Augenblick des reinen Schweigens entsteht, in dem sie weder ein- noch ausatmen. Dort geht es darum, sich in Gott hinein fallen zu lassen. In diesem Raum des reinen Schweigens bin ich ganz bei mir. Es ist der Ort, in dem Gott selbst in mir wohnt. Zu diesem Ort haben die Menschen keinen Zutritt. Dort können mich ihre Verletzun-

gen nicht erreichen. Dort begegne ich meinem wahren Selbst. Und das ist unantastbar. Dort berühre ich das unverfälschte und ursprüngliche Bild, das Gott sich von mir gemacht hat. Und dieses reine Bild Gottes kann auch durch den sexuellen Mißbrauch nicht beschmutzt und angetastet werden. Dort fühle ich mich frei von der Macht der Menschen. Dort hat auch der Schmerz keinen Zutritt, den mir andere zugefügt haben. Dort können die Selbstbeschuldigungen nicht eindringen, mit denen ich mich oft zerfleische. Dort erlebe ich den Schutzraum, den mir Gott gewährt und in dem er mich vor der Verletzung durch andere und vor der Selbstverletzung bewahrt.

Um den Mißbrauch überhaupt anschauen zu können, ist es wichtig, einen Punkt in sich zu entdecken, zu dem der Mißbrauch keinen Zugang hat, einen Ort, der frei ist von der Infizierung der tiefen Wunde, die der Mißbrauch hinterlassen hat. Die Erfahrung dieses inneren Raumes, in dem Gott selbst in mir wohnt, in dem ich ganz heil bin, in dem ich unverletzbar bin, gibt mir die Möglichkeit, die Wunden anzuschauen, ohne daß sie mich ganz und gar besetzen und bestimmen. Er gibt mir die nötige Distanz, um das Geschehen objektiv wahrzunehmen und zu beurteilen und darüber zu sprechen, ohne mich dabei zu überfordern.

## 3. Schuldgefühle und Wut

Wenn ich nach den Gefühlen frage, die Ordensfrauen mit dem sexuellen Mißbrauch verbinden, so sind es vor allem Schmerz, Trauer und Schuldgefühle. Sie fühlen einen tiefen Schmerz über die Verwundung. Sie fühlen sich ohnmächtig, ausgeliefert. Es tut unendlich weh, daß sie in ihrer Würde verletzt worden sind, daß da jemand ihre Grenze überschritten hat und sie dann links liegen ließ. Sie sind traurig, daß das so geschehen konnte, traurig über sich, aber auch über den Täter, daß er das gebraucht hat, daß er sich dazu hergegeben hat. Zugleich bohren sie im eigenen Gewissen, ob sie nicht auch selbst schuld seien am Mißbrauch. Sie überlegen sich, ob sie den Täter nicht sexuell gereizt hätten, ob sie nicht selbst einverstanden gewesen wären. Sie machen sich Vorwürfe, warum sie wieder zu der befreundeten Familie hingegangen seien, warum sie es nicht den Eltern erzählt hätten. Sie fragen sich, ob sie die sexuelle Erfahrung nicht selbst gesucht hätten. Manchmal hat ihnen der Täter vermittelt, daß er ihnen ja nur Gutes tun wollte, daß das ja nur Ausdruck der Liebe sei. Und so wissen die mißbrauchten Frauen nicht mehr, was daran Liebe war und was Mißbrauch, ob sie vielleicht nicht selbst Täterinnen waren. Das stürzt sie oft in eine Verwirrung. Sie blicken nicht mehr durch. Sie spüren nur noch eine abgrundtiefe Traurigkeit und einen Schmerz über das, was sie selbst sich nicht mehr erklären können, worüber sie sich aber ständig den Kopf zerbrechen und sich damit martern.

Wenn ich nach der Wut frage, dann erzählen die meisten, daß sie keine Wut empfinden, sondern nur Schmerz. Solange sie aber nur Schmerz, Traurigkeit und Schuldgefühle empfinden, kann die Wunde nicht heilen. So ermuntere ich sie immer wieder, mit der Wut in Berührung zu kommen. Und ich versuche, ihre Schuldgefühle anzuschauen. Sie waren als Kinder ohnmächtig. Die Verantwortung hatte der Täter und nicht sie. Auch wenn sie Bedürfnisse nach Zuwendung hatten, so war es der Täter, der dieses Bedürfnis für seine eigenen Ziele ausgenutzt und mißbraucht hat. Die Wut ist die Kraft, eine Distanz zu schaffen zwischen sich und dem Täter. Und diese Distanz ist die Voraussetzung, daß die Wunde heilen kann. Solange das Messer des Täters in der Wunde steckt, kann die Wunde nicht heilen. Die Wut muß dieses Messer herauswerfen. Erst dann kann die Wunde sorgfältig behandelt werden und langsam heilen.

Oft braucht es aber lange, bis Frauen mit ihrer Wut in Berührung kommen. Der Schmerz und das Schuldgefühl sind so dominierend, daß sie die Wut überdecken. Wenn aber dann doch die Wut hochkommt, dann ermuntere ich sie, die Wut herauszuschreien oder einen Brief zu schreiben, in dem sie all die Vorwürfe ins Wort fassen, die sie dem Täter an den Kopf werfen möchten. Meistens ist es noch zu früh, so einen Brief dann auch wegzuschicken. Aber meistens ist es irgendwann einmal nötig, den Täter auch mit seiner Tat zu konfrontieren, ihm einen Brief zu schreiben oder ihn anzurufen und ihm zu sagen, wie sie diesen Mißbrauch erlebt hat und was er mit ihr gemacht hat. Dieser Schritt ist aber erst dann ratsam, wenn das Selbstwertgefühl stark genug ist, daß man sich von den Leugnungs- oder

Verharmlosungsversuchen des Täters nicht mehr umwerfen läßt. Wenn ich den Täter konfrontiere, muß ich auch zu mir und meinem Vorwurf stehen. Sonst werde ich nur aufs neue verletzt. Denn oft genug versucht der Täter, mir das auszureden: Das sei bloß kindliche Phantasie. Das würde ich mir nur einbilden. Das sei nur Schuld dieser blöden Psychologie. Manchmal schüchtert der Täter die mißbrauchte Frau auch mit der Drohung ein, er würde sich juristisch dagegen wehren und sie wegen Verleumdung anzeigen. Da braucht es innere Klarheit und Festigkeit, um das als Ablenkungsmanöver zu durchschauen und trotzdem zu dem zu stehen, was man als Wahrheit erkannt hat. Am Ende der Wut muß die Vergebung stehen. Erst wenn ich dem Täter vergeben kann, werde ich wirklich frei von der Wunde, die er mir zugefügt hat. Aber ich dränge die mißbrauchten Frauen nie dazu, zu vergeben. Denn oft möchten sie vergeben, aber um den Preis, daß sie ihre Wut überspringen. Aber dann wird die Vergebung zwar im Kopf sein, aber nicht im Herzen. Dann wird die Wunde weiter in ihnen schwären. Manche Frauen müssen erst lange und ausgiebig ihre Wut zulassen, um den Täter aus sich herauszuwerfen. Erst dann sind sie frei, den andern auch zu verstehen als einen Menschen, der selbst verletzt ist, der in sich zerrissen und unglücklich ist. Und dann können sie vergeben. Vergebung ist zugleich Befreiung von der verletzenden Nähe eines Menschen. Ich habe genügend Distanz zu ihm. Ich gebe ihm den Raum, den er braucht. Aber ich gebe ihn auch weg von mir. Ich halte ihn nicht mehr fest. Ich bin frei von ihm.

## 4. Motive für den Ordenseintritt

Viele Ordensfrauen erschrecken, wenn sie entdecken, daß der sexuelle Mißbrauch sie unbewußt in den Orden geführt hat. Nach dem Mißbrauch haben viele die Sexualität völlig verdrängt. Sie haben sie als schmutzig und verletzend erlebt. So wollen sie sich vor ihr schützen. Und einer der geeignetsten Wege, sich vor der Sexualität zu schützen, ist der Eintritt in den Orden. Dort kann man – so hoffen viele unbewußt – seiner Sexualität aus dem Weg gehen. Dort gehört es ja sogar zur Askese, die Sexualität zu unterdrücken. Außerdem gibt das Ordensleben einem die verletzte Würde wieder zurück. Denn unbewußt hält man das Ordensleben für wertvoller als das Leben in der Ehe. So war es wenigstens lange Zeit in der Kirche üblich. So wählt man unbewußt das Ordensleben, um sich die geraubte Würde wieder zu nehmen. Das war durchaus eine Art Selbsttherapie, die eine Zeit lang geholfen hat, einigermaßen gut zu leben, den Mißbrauch zu vergessen und sich wieder wertvoll zu fühlen.

Aber sobald diese Art von Selbsttherapie nicht mehr hilft, weil die Erinnerung an den Mißbrauch hochkommt, dann bricht oft das eigene fromme Selbstbild völlig zusammen. Man fühlt sich verunsichert. Die Motivation für das Ordensleben wird brüchig. Und viele meinen dann, sie müßten aus dem Orden austreten, weil ihr Eintritt ja nur Flucht vor ihrer Sexualität war. Doch das ist nicht nötig. Es ist wichtig, zuzugeben, daß der Mißbrauch und der Versuch, ihn zu vergessen, ein entscheidender Teil der Motivation war, in den Orden einzutreten, und daß diese Motivation nicht ausreicht, um als Ordensfrau erfüllt leben zu können. Aber genauso wichtig ist es, die eigenen Motivationen nochmals genauer anzuschauen. Es hätte ja auch andere Möglichkeiten gegeben, auf den Mißbrauch zu reagieren. Warum bin ich ausgerechnet in einen Orden und in diesen konkreten Orden eingetreten? Waren da nicht noch andere Motive? War da nicht auch eine ureigenste und urpersönlichste Spur dabei, die für mich stimmt? Habe ich nicht bei aller Angst vor meiner Sexualität doch auch eine spirituelle Ader, die unberührt geblieben ist vom Mißbrauch? War da nicht eine echte Sehnsucht nach Gott, eine Sehnsucht danach, daß Gott die Sehnsucht, die auch in meiner Sexualität steckt, zu erfüllen vermag?

Neben dem Forschen, welche tragfähigen Motive beim Ordenseintritt auch eine Rolle gespielt haben, ist es entscheidend, daß ich heute genügend Motive finde, warum ich im Orden bleiben kann. Die Motivation für den Ordenseintritt kann sich im Lauf der Zeit wandeln. Ich persönlich bin auch nicht mehr aus den Gründen im Kloster, aus denen ich eingetreten bin. Damals war viel Ehrgeiz dabei, etwas leisten zu wollen für die Kirche. In einer persönlichen Krise entpuppten sich diese Motive als brüchig. Aber ich habe heute genügend Gründe, die mich im Kloster halten. Bei mißbrauchten Ordensfrauen ist es durchaus auch legitim, daß sie gerade wegen des Mißbrauchs im Orden bleiben. Denn nach wie vor kann der Orden einen guten Raum bieten, diese Wunde zu verarbeiten. Denn auch eine Ehe ist nicht einfach ein Heilmittel für den Mißbrauch. Im Gegenteil, ich bin erst für eine Ehe fähig, wenn ich den Mißbrauch bearbeitet habe. Das gilt natürlich auch für den Orden. Das Ordensleben allein heilt die Wunde des Mißbrauchs nicht. Es braucht die fachgerechte Begleitung und auch einen Freiraum, in dem die Wunde offen angeschaut und bearbeitet werden kann. Manchmal ist es angebracht, sich eine Zeit lang außerhalb des Ordens diesen Freiraum zu schaffen. Denn man wäre überfordert, mit seiner tiefen Wunde ständig seinen Mitschwestern zu begegnen und dort gutgemeinte Ermunterungen anzuhören, die das verwundete Herz nicht erreichen. Aber nach einem Freiraum außerhalb kann dann der Orden durchaus ein guter Rahmen sein, mit dieser Wunde zurecht zu kommen.

Aber auch das ist nur ein sekundäres Motiv, im Orden zu bleiben. Es müssen tiefere Motive sein, um im Orden inneren Frieden und Erfüllung zu finden. Letztlich muß es ein religiöses Motiv sein, die Sehnsucht nach Gott, die Ahnung, daß es da ein Geheimnis gibt, das so faszinierend ist, daß es sich lohnt, sich auf den Weg zu machen, den Weg der Sehnsucht zu gehen. Neben diesen rein religiösen Motiven braucht es auch noch konkretere Motive, um gerade in dieser Gemeinschaft zu bleiben, etwa das Motiv, daß man hier sinnvoll arbeiten kann, daß man sich angenommen fühlt, daß man Lebendigkeit und Kreativität erfährt, daß man aufblüht. Doch letztendlich geht es immer um die Frage, ob ich wahrhaft Gott suche, ob meine tiefste Sehnsucht auf Gott zielt. Nur dann wird Ordensleben gelingen.

## 5. Spiritueller Schaden des Mißbrauchs

Der Mißbrauch hinterläßt in der Frau Spuren, die das spirituelle Leben erschweren. Da ist einmal die negative Erfahrung des Männlichen. Männer werden als unbeherrscht, triebhaft, unzuverlässig, gewalttätig und zwiespältig erlebt. Das hindert Frauen, die positiven Aspekte des Männlichen in ihr geistliches Leben und in ihr Gottesbild zu integrieren. Da fehlt der Aspekt des Schutzes, der Verläßlichkeit. Da tut sich eine Frau schwer, Gott als Vater zu sehen, der ihr das Rückgrat stärkt, der ihr den Rücken frei hält, damit sie das Leben wagen kann. Ein Mann hat ihr ja eher das Rückgrat gebrochen. Er hat sie erniedrigt. Diese negative Erfahrung des Männlichen führt zu einem tiefen Mißtrauen in das Leben, vor allem aber im Umgang mit Autorität. Mißbrauchte Frauen tun sich schwer, mit der Autorität der Oberin oder – falls sie in Pfarreieinrichtungen arbeiten – des Pfarrers gut umzugehen. Überall spüren sie sofort die Bedrohung und Einengung. Sie haben nicht die nötige Distanz, um die Autorität der Oberin oder des Pfarrers zu relativieren und der eigenen Stimme zu trauen.

Dieses Mißtrauen bezieht sich aber auch auf Gott. Gott bietet keinen ausreichenden Schutz. Er läßt Frauen allein mit Männern, denen gegenüber sie sich ohnmächtig fühlen. Die gleiche Ohnmacht erfahren sie gegenüber Gott, der ihnen willkürlich und unzuverlässig vorkommt. Gott macht mit ihnen, was er will. So tut sich eine Frau schwer, sich in Gott hinein loszulassen, sich fallen zu lassen. Sie muß krampfhaft an sich selbst festhalten. Sie muß ihre Gefühle kontrollieren, aus Angst, sie könnte von neuem verletzt werden. Sie muß ihren Leib kontrollieren, damit keiner die Grenze überschreitet. So braucht sie alle Energie, um ihren Leib unter Kontrolle zu halten. Das verkrampft sie. Sie spürt sich nicht mehr. Sie kann sich nicht mehr entspannen. Ihr Rücken wird wie ein Brett. All die verdrängten und kontrollierten Gefühle sind dort abgelagert und versteinert. So hat sie sich selbst mehr und mehr vom Leben abgeschnitten.

Besonders schlimm ist der spirituelle Schaden, wenn ein Priester im Rahmen der Seelsorge eine Frau mißbraucht. Da hat eine junge Frau gerade das erste Mal Vertrauen ins Leben und Vertrauen zu einem Mann aufbauen können. Da ist sie berührt von der spirituellen Tiefe des Priesters, fasziniert von seinen Predigten, von seiner Art, Gottesdienst zu feiern. Und dann erlebt sie diesen Priester, wie er unter dem Deckmantel der Seelsorge an ihr seine eigenen sexuellen Bedürfnisse auslebt. Manchmal redet er ihr noch ein, daß er ihr nur helfen möchte, daß sie ihren Leib annehmen lerne, daß sie sich mit ihrer Sexualität aussöhnen könne. Da kennt sich das Mädchen überhaupt nicht mehr aus. Alle ihre Maßstäbe sind durcheinander geraten. Sie weiß nicht, was sie denken soll. Auf der einen Seite vertraut sie dem Priester, daß er es gut mit ihr meint, daß er ihr helfen möchte. Auf der anderen Seite fühlt sie sich unwohl. Sie spürt, wie er mit ihr etwas gemacht hat, was sie gar nicht möchte. Das bringt sie in totale Verwirrung. Und sie traut sich nicht, mit einem Dritten darüber zu sprechen. Sie möchte den Priester nicht in ein schlechtes Licht stellen.

Der Priester ist für sie der Repräsentant des Glaubens. Aber zugleich erlebt sie in ihm etwas, das allem widerspricht, was er verkündet. So weiß sie gar nicht mehr, was sie glauben soll. Stimmt das, was der Priester sagt? Aber wie geht das mit seinem Verhalten zusammen? Es braucht oft lange, bis sich ein Mädchen überhaupt traut, das Tun des Priesters in Frage zu stellen. Sie sucht die Probleme lieber bei sich. Vielleicht ist sie doch zu prüde. Vielleicht wird sie es erst später verstehen, was der Priester damit an Gutem bezwecken möchte. Alle anderen schätzen den Priester doch so. Also kann das, was er tut, nicht schlecht sein. Das Problem muß bei ihr selbst liegen. Sie kommt halt noch nicht mit ihrer Sexualität zurecht. Der Priester ist schon viel weiter.

Das mißbrauchte Mädchen tut sich schwer, dem eigenen Gefühl zu trauen. Da hält ein Priester eine junge Frau bei der Beichte eine Stunde lang eng umschlungen fest, weil er sie ja heilen möchte. Da der Priester als fromm gilt, vertraut sie ihm, obwohl sie ein ungutes Gefühl hat. Erst in der Therapie kann sie sagen: „So ein Schwein". Die spirituelle Verwirrung, die der Mißbrauch anrichtet, ist sicher eine der schwersten Verletzungen, die man einem Menschen zufügen kann. Er weiß nicht mehr, worauf er bauen soll. Die religiösen Grundsätze werden auf einmal brüchig. Das, worauf man sein Leben gesetzt hat, wird auf einmal zur bloßen Fassade. Manche verabschieden sich dann völlig vom Glauben. Das ist alles nur Projektion. Wenn der Priester mit dieser Theologie und Spiritualität sich so unmenschlich verhält, was kann dann daran noch stimmen? Ist das alles nicht nur ein Selbstbetrug? Doch zugleich spüren mißbrauchte Frauen, daß in ihnen doch noch eine tiefe spirituelle Sehnsucht steckt. Es kann doch nicht alles nur Einbildung gewesen sein. Da war doch auch eine authentische Spur. Die Gedanken gehen hin und her und sie wissen oft nicht mehr, welcher Richtung sie trauen dürfen.

Es ist wichtig, zu differenzieren, wo der Priester Spiritualität mißbraucht hat, um seine eigenen sexuellen Bedürfnisse zu verschleiern, und wo das, was er verkündet hat, richtig war. Und es ist nicht einfach, die eigene authentische spirituelle Spur zu entdecken und sie zu unterscheiden von den Gedanken, die der Priester einem vermittelt hat. Was ist meine ureigenste Spiritualität und was ist die Spiritualität, die der Priester mir einreden wollte? Es hilft nicht weiter, das Kind mit dem Bad auszuschütten. Aber alleine ist es schwierig, die eigene spirituelle Spur von den Ideen zu trennen, die der Priester einem vermittelt hat. Da braucht es eine sorgfältige Begleitung, daß man in dem religiösen Durcheinander klar sehen kann. Eine wichtige Hilfe ist für mich als Begleiter geworden, daß ich Frauen nach ihrer ureigensten spirituellen Spur frage. Wo haben sie sich als Kinder am wohlsten gefühlt? Was haben sie als Kinder mit Gott verbunden? Welche Bilder haben sie sich von Gott gemacht? Was waren die Gefühle, die sie mit dem Gottesdienst und mit der Kirche verbunden haben? Wenn Frauen mit ihrer kindlichen Spur in Berührung kommen, können sie auch leichter unterscheiden, was an ihrer Spiritualität authentisch ist und was nur von den Eltern oder Priestern aufgesetzt worden ist.

### 6. Verwandlung der Wunde

Die Wunde des Mißbrauchs wird wohl nie so heilen, daß ich sie nicht mehr spüre. Es wird immer eine Narbe bleiben. Es wird immer die Angst vor bestimmten Männern bleiben, die den Tätern ähneln. Solche Angst kann ja auch ein guter Begleiter sein, der mich schützt vor Männern, die mit ihrer Sexualität nicht reif umgehen und daher eine Gefahr sind, die Grenzen einer Frau zu überschreiten. Es wird immer die Empfindlichkeit bleiben. Und es wird immer wieder auch einmal der Schmerz über die Verletzung hochkommen. Die Aufgabe der geistlichen Begleitung ist, daß die Wunde in eine Perle verwandelt wird, wie es Hildegard von Bingen als die eigentliche Aufgabe der Menschwerdung sieht. Die Wunde kann zu etwas Kostbarem werden, das mich auszeichnet. Dann beeinträchtigt sie nicht mehr meine Würde, sondern sie ist Teil meiner Würde.

Die Verwandlung der Wunde zur Perle kann so aussehen, daß meine Wunde fruchtbar wird für andere. Ich kenne Frauen, die mißbraucht worden sind und ihre Wunden bearbeitet haben. Sie wurden ausgezeichnete Therapeutinnen. Zu ihnen haben mißbrauchte Frauen einen viel besseren Zugang. Sie finden schneller Vertrauen zu ihnen und fühlen sich von ihnen verstanden. In ihnen wird deutlich, was die Griechen als Grundsatz für ärztliches Handeln aufstellten, daß nur ein verwundeter Arzt zu heilen vermag. Solche Frauen spüren ihre Wunden nach wie vor. Aber sie kreisen nicht mehr um den Schmerz, sondern verstehen ihre Wunde als Einfallstor für Menschen, die Hilfe suchen. Die Wunde wird zur Öffnung für den verwundeten Menschen, durch die eine fruchtbare Kommunikation möglich wird.

Eine andere Weise, die Wunden in Perlen zu verwandeln, besteht darin, daß meine Wunde zu einem Ort wird, an dem ich mich selbst spüre. Die Wunde hält mich wach, daß ich in Berührung bleibe mit mir selbst, daß ich auf dem inneren Weg weitergehe und nicht einfach stehen bleibe. Die Wunde zerbricht falsche Idealbilder, die ich mir von mir gemacht habe. Sie zerbricht meine Masken und bringt mich in Kontakt mit meiner tiefsten Wahrheit, mit meinem wahren Selbst. Es liegt immer auch an meiner eigenen Vorstellung, wie ich meine Wunde sehe. Ich kann über meine Wunde jammern, daß ausgerechnet mir das passieren mußte. Ich kann sie aber auch als etwas Kostbares sehen, das mich auszeichnet, weil es mir eine entscheidende Erfahrung geschenkt hat, die Erfahrung, daß ich nicht aus eigener Kraft mein Leben meistern kann, sondern daß ich der heilenden Gnade Gottes bedarf. Der Schmerz, den ich durchlebt habe, macht mich reifer und reicher. Er hat mir Erfahrungen beschert, die kein anderer vorzuweisen hat.

Wenn ich meine Wunde so sehe, so ist sie in eine Perle verwandelt. Und dann hört der Täter auf, über das Opfer zu triumphieren. Das ist ja wohl der größte Fluch, den manche Opfer erfahren, daß sie nicht loskommen von der destruktiven Macht, die der Täter nach wie vor über sie ausübt. Daher sprechen manche TherapeutInnen zurecht von Seelenmord. Wenn die Verletzung mein ganzes Leben zerstört, all meine Beziehungen, meine Arbeit, meine Stimmung, meine Gottesbeziehung, dann gebe ich dem Täter eine erschreckende Macht über mich. Und dann fühle ich mich für mein ganzes Leben beschädigt und benachteiligt. Erschreckend ist, daß der Täter nicht nur mich verletzt hat, sondern daß ich die Verletzung des Täters weiter gebe. Ich werde entweder mich selbst weiter verletzen, indem ich mich entwerte, selbst bestrafe oder mit Schuldgefühlen zerfleische. Oder ich werde andere verletzen. Ich werde die empfangenen Verletzungen unbewußt weitergeben, indem ich die Grenzen anderer überschreite, ständig in ihren Wunden bohre, ihre empfindlichen Stellen mit meinen Bemerkungen treffe. Dann wirkt der Täter auch noch in meinem eigenen Verhalten destruktiv weiter. Er kann durch mich das Miteinander erschweren, die Gemeinschaft spalten und Mißtrauen und Brutalität verbreiten. Eine andere Weise, wie der Täter seine verletzende Macht weiter ausübt, besteht darin, daß ich mir unbewußt immer wieder Situationen aussuche, in denen ich genauso verletzt werde wie damals. Da suche ich mir Oberinnen, die meine Grenze überschreiten, die alles von mir wissen möchten, die mich entwerten, die mich in der Hand haben.

Wenn ich aber meine Wunde als Perle sehe, dann hat der Täter keine Macht mehr über mich. Er wollte mich vielleicht zerstören, in Wirklichkeit hat er mir ermöglicht, eine Tiefe und Reife zu entfalten, die weit über der seinen steht. Es besteht eine tiefe Überzeugung und zugleich Sehnsucht im Menschen, daß die Täter nicht über ihr Opfer triumphieren. Diese Überzeugung hat zur Auffassung vom göttlichen Gericht geführt, dem die Mörder nicht entrinnen können. Diese tief in uns sitzende Sehnsucht kann aber auch erfüllt werden, indem unsere Wunden in Perlen verwandelt werden. Es ist dann so, wie in der Geschichte von der Palme, der ein böser Mensch einen Stein in die Krone legte, um sie zu quälen. Doch als er nach einiger Zeit wieder an dieser Palme vorbei ging, war sie größer und schöner geworden als alle andern. Denn der Stein hatte sie gezwungen, ihre Wurzeln tiefer in die Erde zu graben. Das hat ihr Wachstum gefördert. Wenn unsere Wunden zu Perlen geworden sind, dann erweisen wir dem Täter nicht die Ehre, daß er uns ein ganzes Leben lang quälen kann, daß wir immer noch zähneknirschend an ihn denken. Dann sind wir vielmehr größer geworden als er. Dann hat er keinen Grund mehr über uns zu triumphieren. Im Gegenteil, er wird sich vor uns verbeugen müssen. Dann sind wir wahrhaft frei von der Verletzung geworden, die er uns zugefügt hat, dann haben wir eine Würde wieder gewonnen, die uns keiner mehr rauben kann.

## 7. Schluß

Das sind nur einige Gedanken, die mir bei der Begleitung mißbrauchter Frauen wichtig geworden sind. Es gibt auch Priester, die in ihrer Kindheit sexuell ausgebeutet worden sind. Doch ich habe solche Priester noch nicht begleitet. Daher kann ich darüber auch nicht schreiben. Aber für sie gilt wohl Ähnliches. Auch sie müssen ihre Wunden anschauen, damit sie heilen können. Auch sie müssen sich innerlich distanzieren von den Tätern, damit die Verletzung nicht weitergeht. Und auch sie müssen bei ihrer Berufung zum Priester und Ordensmann genau hinsehen, inwieweit der Mißbrauch ein wesentliches Motiv war und welche Motive heute für sie tragfähig sind. Mißbrauchte Männer sind noch mehr als mißbrauchte Frauen in Gefahr, die Verletzungen weiter zu geben, indem sie ihrerseits Kinder mißbrauchen. Schon um die Kinder zu schützen, ist es daher wichtig, daß sie ihre eigenen Wunden verarbeiten.
Der sexuelle Mißbrauch ist eine tiefe Wunde. Und mehr Ordensfrauen und Priester, als man denkt, tragen eine solche Wunde mit sich herum und werden davon in ihrem geistlichen Leben, in ihrer Arbeit und im Umgang mit anderen Menschen beeinträchtigt. Daher ist es wichtig, daß sich Seelsorger und Seelsorgerinnen mit diesem Phänomen auseinandersetzen. Sie müssen sich erst einmal informieren, was beim Mißbrauch geschieht, wie die Verletzung auf den einzelnen wirkt und welche Folgen er hat. Und sie müssen ihren Stil entwickeln, wie sie in der Seelsorge darauf eingehen. Dabei müssen sie auch ihre Grenzen sehen und sie auch eingestehen. Mißbrauch ist normalerweise nicht allein durch geistliche Begleitung zu heilen, sondern bedarf einer fachgerechten Therapie. Aber die Seelsorge kann die Therapie sinnvoll ergänzen, weil sie vor allem die spirituellen

Aspekte mit einbezieht, die durch den Mißbrauch ja auch in erheblichem Maße berührt werden. Entscheidend ist für mich, daß ich den mißbrauchten Männern und Frauen vermittle, daß in ihnen ein Raum ist, der vom Mißbrauch unberührt ist, daß ihr wahres Selbst heil und ganz geblieben ist, daß in ihnen ein unverfälschtes Bild ist, das Gott sich von ihnen gemacht hat. Und dieses einmalige und unverwechselbare Bild Gottes gilt es zu verwirklichen. Die Verletzung des Mißbrauchs kann all die selbst gemachten Bilder von mir zerbrechen und mich auf das wahre Bild hinweisen, das Gott von mir geformt hat. Dann ist die Wunde, die mir ein anderer zugefügt hat, zur Perle geworden, zu etwas Kostbaren, das mich auf den kostbaren Schatz in mir, auf das wahre und einzigartige Bild Gottes, verweist.

*Wunibald Müller*
# Was müssen Kirche und Seelsorge für die Überlebenden sexuellen Mißbrauchs tun?

## 1. Präventive Maßnahmen

*Mit möglichen Tätern rechnen*

Die Kirche und die in ihr Verantwortlichen müssen dafür sensibel sein, daß es unter Priestern und anderen kirchlichen und seelsorglichen Mitarbeitern und Mitarbeiterinnen Menschen gibt, bei denen – aus welchen Gründen auch immer – eine Neigung besteht, andere Personen, darunter Minderjährige oder von ihnen Abhängige, sexuell zu belästigen oder zu mißbrauchen. Die Tatsache, daß jemand ein kirchliches Amt innehat oder als eine religiöse Person in Erscheinung tritt, darf nicht dazu führen, weniger hellhörig für ein potentielles sexuelles Fehlverhalten oder sexuelle Übergriffe zu sein, diese zu verharmlosen oder einfach zu übergehen. Eine solche kritische und verantwortungsvolle Haltung muß selbstverständlich sein und darf nicht erst dann praktiziert werden, wenn sie bei Vorkommnissen von den verschiedensten Seiten, sei es den Medien, betroffenen Eltern, Gemeinden usw., angemahnt wird.

*Sorgfältige und verantwortungsbewußte Auswahl*

Wenn ich ein Flugzeug besteige, möchte ich hundertprozentig sicher sein dürfen, daß alles Menschenmögliche getan wurde, daß dieses Flugzeug mich wohlbehalten an meinen Zielort bringen wird. Wenn Eltern ihre Kinder kirchlichen Mitarbeitern anvertrauen, müssen sie sich hundertprozentig darauf verlassen können, daß es sich dabei um Personen handelt, die des Vertrauens wert sind, das man ihnen schenkt. Die für die Ausbildung und Anstellung von Priestern und kirchlichen Mitarbeitern Verantwortlichen müssen dafür Sorge tragen und Gewähr dafür bieten, daß diese Sicherheit gegeben ist. Sie müssen das zumindest in dem Umfang tun, in dem das von ihrer jeweiligen Aufgabenstellung und Verantwortung her möglich ist. Sie können natürlich nicht in das Herz eines Menschen schauen, und es gibt genügend Beispiele von kirchlichen Mitarbeitern, die es bestens verstanden haben, ihre entsprechenden Neigungen zu verbergen. Auf der anderen Seite werden Spirituale, Regenten, Verantwortliche für die Ausbildung von GemeindereferentInnen und PastoralreferentInnen immer wieder die Erfahrung machen, daß sie in der Begegnung mit Auszubildenden oder Anzustellenden spüren, daß hier etwas nicht stimmt. Die Unfähigkeit beziehungsweise Weigerung, sich gegenüber anderen zu öffnen, deutliche Probleme, echte Beziehungen zu Gleichaltrigen zu knüpfen und aufrechtzuerhalten, ein auffallend großes Desinteresse an Sexualität oder ein sexuelles Verhalten, das abgespalten von der eigenen Person stattfindet, sind nur einige Verhaltensweisen, die Verantwortliche hellhörig machen sollte.

Dahinter muß und wird man nicht immer eine Person entdekken, die in besonderer Weise für sexuelle Belästigung und sexuellen Mißbrauch anfällig ist. Es kann aber so sein. Um angemessen einschätzen zu können, ob die zukünftigen Mitarbeiter über die menschliche Reife verfügen, genügt ein oberflächliches Kennen nicht. Es setzt voraus, daß die Verantwortlichen die zukünftigen kirchlichen Mitarbeiter wirklich kennen. Hier gilt es auch die Möglichkeiten des Forum Internum zu nutzen, die es erlauben, in einem geschützen Raum und in großer Offenheit, unter anderem Probleme im Bereich der Sexualität oder der Beziehungsfähigkeit anzusprechen.

*Emotional und sexuell unreife Personen eignen sich nicht für den seelsorglichen Dienst*

Überhaupt ist es wichtig, den ganzen Bereich der Sexualität nicht zu tabuisieren, sondern bei der Ausbildung ganz selbstverständlich mit zu berücksichtigen. Das gilt für die Vermittlung der medizinischen und psychologischen Grundkenntnisse der Sexualität, besonders aber für die persönliche Auseinandersetzung mit der eigenen Sexualität. Auch ist es wichtig, gegebenenfalls eigene Mißbrauchserlebnisse zu thematisieren und aufzuarbeiten (vgl. Deser 1995, 73). Unter denen, die Minderjährige sexuell mißbrauchen oder von ihnen abhängige Personen belästigen – etwa Pfarrer, die ihre Mitarbeiterin sexuell belästigen –, befinden sich viele Personen, die sexuell unreif sind und die in ihrer emotionalen Entwicklung stehengeblieben oder zurückgeblieben sind. Solche Personen eignen sich nicht für den Beruf des Seelsorgers oder der Seelsorgerin. Sie sind im Rahmen ihres Dienstes Menschen nahe, und es wird ihnen in der Regel – immer noch – ein großer Vertrauensvorschuß eingeräumt. Kommt es zu einem sexuellen Fehlverhalten, schaden diese Personen nicht nur den Menschen, die sie belästigen oder mißbrauchen, sie schaden auch sich, ihrer Kirche und dem, für das ihre Kirche steht. Der Schaden, den sie ihrer Kirche zufügen, ist schon groß genug, größer noch dürfte aber der Schaden sein, den sie dem Spirituellen, dem Religiösen, ja letztlich Gott durch ihr Fehlverhalten zufügen. Sie beschmutzen das Heilige. Sie tragen dazu bei, daß durch ihr Verhalten die Beziehung zum Spirituellen, zu Gott, verdunkelt, manchmal sogar zerstört wird. Aus der Verantwortung heraus für die Menschen, die kirchlichen Mitarbeitern anvertraut sind, und aus der Verantwortung für den Auftrag, für den die Kirche steht, müssen die Verantwortlichen in der Kirche alles tun, um die Menschen, die sich der Kirche anvertrauen und das Spirituelle, das Heilige, ja letztlich Gott selbst vor Schaden zu bewahren. Das verlangt sehr viel von ihnen. Es verlangt aber nicht mehr und nicht weniger als von einer Institution verlangt werden kann, die für sich beansprucht, tief in das Leben von Menschen hineinwirken zu wollen und in ausdrücklicher Weise für das Spirituelle, das Heilige, Gott selbst ‚zuständig" zu sein.

*Klare Botschaft: Sexueller Mißbrauch wird verurteilt*

Von der Kirche muß ganz klar die Botschaft herüberkommen: Sexueller Mißbrauch Minderjähriger wird von uns abgelehnt und verurteilt. Es genügt aber nicht, das nur mit Worten, etwa in der Ausbildung oder in Verlautbarungen auszusprechen. Diese Botschaft muß sich in Taten zeigen, konkret in präventiven Maßnahmen und in der Art und Weise, wie in konkreten Fällen reagiert wird. Die Kirche hat eine Verantwortung gegenüber dem Täter, muß ihn vor möglicherweise ungerechten Beschuldigungen schützen und sich um seinen seelischen Zustand kümmern. Das darf aber nicht (länger) auf Kosten des Opfers gehen. Hier ist zum Teil noch ein Umdenken angezeigt. Die Neigung, sich eher auf die Seite des Täters zu stellen, ist offensichtlich groß und manchmal noch stärker als die Bereitschaft, sich mit dem Opfer zu solidarisieren.

Das ist auch darauf zurückzuführen, daß manche Verantwortliche sich (immer noch) von den Tätern etwas vormachen lassen, die – so die klinische Erfahrung –, in der Regel ihr Verhalten verharmlosen oder ganz einfach abstreiten. Nach Stephen Rossetti, der mit vielen pädophilen und ephebophilen Priestern therapeutisch gearbeitet hat, sagt einer von hundert die Wahrheit über sein mißbrauchendes Verhalten. Selbst erfahrene TherapeutInnen laufen Gefahr, den Beteuerungen dieser Personen auf den Leim zu gehen. Das gilt auch für ihre Versicherung, von jetzt ab sich nicht mehr so verhalten zu wollen. Hier wird verkannt, daß es sich bei diesen Personen in der Regel um kranke Menschen handelt, die ihr oft suchtartiges Verhalten nicht steuern können.

Diese harten Fakten müssen zur Kenntnis genommen werden und das Handeln der Verantwortlichen bestimmen. Wenn auch nur der geringste Zweifel besteht, daß jemand zu pädophilem oder ephebophilem Verhalten neigt oder die Gefahr der Wiederholung für solches Verhalten besteht, kann ein kirchlicher Mitarbeiter nicht in einem seelsorglichen Kontext arbeiten, der den Zugang zu Kindern und Jugendlichen von Amts wegen erleichtert. Geschieht das trotzdem, macht man sich mitverantwortlich für den möglichen Schaden, der dadurch Kindern zugefügt werden kann. Hier zeigt sich, wie ernst es die Kirche und ihre Verantwortlichen meinen, wenn sie sagen, daß sexueller Mißbrauch Minderjähriger in keiner Weise akzeptabel ist. Dabei gehe ich davon aus, daß für jeden verantwortungsbewußten Menschen das zunächst selbstverständlich ist und auch in der Regel niemand, der in der Kirche Verantwortung trägt, das nicht auch so sehen würde. Nur ratifiziert wird eine solche Einstellung erst, wenn man auch bereit ist, dafür unangenehme Entscheidungen zu treffen.

## 2. Die Sorge und Verantwortung für die primären Opfer sexuellen Mißbrauchs

*Der Sorge um die Opfer Priorität einräumen*

Die Kirche muß mehr als bisher die primären Opfer sexuellen Mißbrauchs, also die mißbrauchten minderjährigen Kinder und Jugendliche, im Blickfeld haben und ihrer Verantwortung und Sorge für sie nachkommen. So fordert auch das Komitee über Kindesmißhandlung, das von den kanadischen katholischen Bischöfen eingesetzt wurde (vgl. Canadian Conference of Bishops 1992,26), dem Schutz der Kinder Priorität einzuräumen. Sie ist nicht nur Anwalt des beschuldigten kirchlichen Mitarbeiters, sondern zugleich auch Anwalt des potentiellen Opfers. Die Stimme des potentiellen Opfers muß gehört und ernstgenommen werden. Manchmal muß die Stimme des Opfers geschützt werden gegenüber der nächsten Umgebung, die aus Angst vor möglichen Unannehmlichkeiten, aus Unverständnis und Zweifeln am Wahrheitsgehalt der Beschuldigung, das Opfer einschüchtert oder zum Schweigen bringt.

*Zusammenarbeit von kirchlichen Behörden und Beratungsstellen*

Die Sorge um die Opfer verlangt eine intensive Zusammenarbeit zwischen den kirchlichen Behörden und den Beratungsstellen, die für die Opfer sexuellen Mißbrauchs zuständig sind. Hier gewinnt man zuweilen den Eindruck, daß man in der jeweils anderen Einrichtung einen potentiellen Gegner sieht, mit dem Ergebnis, daß man sich eher aus dem Weg geht und mit dem Austausch von Informationen zurückhaltend umgeht. Vielfach besteht ein Mißtrauen, das mit den jeweils schlechten Erfahrungen, die man mit dem anderen gemacht hat, begründet wird. Den Beratungsstellen wird der Vorwurf gemacht, sich zu einseitig die Position des Opfers zu eigen zu machen. Der kirchlichen Behörde wird vorgeworfen, den potentiellen Täter in einer unzulässigen Weise zu decken. Dem Opfer beziehungsweise potentiellen Opfer zuliebe ist es aber notwendig, *miteinander* zu arbeiten. Das verlangt auf beiden Seiten – den Beratungsstellen und den kirchlichen Behörden – aufeinander zuzugehen,

Vorurteile abzubauen, Vertrauen zueinander zu finden, *mitein-ander* zu überlegen, wie den Opfern geholfen werden kann (vgl. Graf/Körner 1997). Wenig hilfreich erscheinen mir in diesem Zusammenhang pauschale Verdächtigungen wie sie Wolfgang Schmidbauer (1997, 231f.) bezogen auf bestimmte Beratungsstellen für sexuell mißbrauchte Minderjährige nährt, wenn er sagt: ‚Die Feministinnen von ‚Wildwasser' und ‚Zartbitter', die mißbrauchte Mädchen ‚parteiisch' beraten, sind ideologische und wirtschaftliche Konkurrentinnen der Sozialpädogen einer früheren Generation, die sich an der Spitze des Fortschritts fühlten, wenn sie ihren Töchtern (nach dem Vorbild der Kommune I) beim gemeinsamen Wannenbad die Geheimnisse des Sexualakts erklärten." Überzogene Reaktionen auf beiden Seiten, die vor allem dann eintreten, wenn man nicht mehr bereit ist, aufeinander zu hören, verhärten nur die Fronten und führen letztlich nicht weiter. Die *Kirche* muß mehr als bisher das Opfer im Blick haben, ihrer Verantwortung für das mißbrauchte Kind nachkommen. Manche *Beratungsstellen* für Opfer sexuellen Mißbrauchs müssen mehr als bisher den Täter, seine seelische Situation, mit im Blick haben.

Neben der Zusammenarbeit in konkreten Fällen, sollten Mitarbeiter und Mitarbeiterinnen von Beratungsstellen im Rahmen der Ausbildung von Priesteramtskandidaten und anderen kirchlichen Mitarbeitern oder bei Fortbildungsveranstaltungen von kirchlichen Mitarbeitern über ihre Erfahrungen berichten. Es gibt inzwischen viele Beispiele einer guten Kooperation, leider aber auch immer noch zuviele negative Beispiele. Letztlich geht das aber auf Kosten der Opfer.

*Leidenschaftlicher Einsatz für das Opfer statt Vertuschen und Taktieren*

Die kirchlichen Mitarbeiter, die für den sexuellen Mißbrauch verantwortlich sind und sich schuldig gemacht haben, müßten im Grunde genommen für die Kosten der Therapie ihrer Opfer aufkommen. Ist das nicht möglich, muß die Kirche bzw. der Orden, dem der kirchliche Mitarbeiter angehört, dafür aufkommen. Ihre Vertreter dürfen auch nicht den direkten Kontakt zum Opfer bzw. den Angehörigen scheuen. In ihrer Reaktion und in ihrem Verhalten muß erkennbar sein, daß sie auf der Seite des Opfers stehen, ihre Sorge, ihr Mitgefühl dem Opfer gilt. Hier ist einem jungen Menschen im kirchlichen Kontext Furchtbares widerfahren. Dafür ist zunächst der Täter selbst verantwortlich. Doch als Mann der Kirche berührt sein Verhalten auch die Kirche. Der Täter mißbraucht sein kirchliches Amt, seine kirchliche Funktion, den Vertrauensvorschuß, der ihm eingeräumt wird. Er fügt damit seiner Kirche Schaden zu. Damit macht er sich auch ihr gegenüber schuldig. Zugleich ist aber auch die Kirche auf den Plan gerufen, das wiedergutzumachen, was durch sie in der Person eines Mitarbeiters, der sie und das wofür sie steht, vertritt, einem anderen Menschen an seelischem Leid zugefügt wurde.

Die Kirche darf sich daher in einer solchen Situation nicht vornehm zurückhalten. Sie muß auf das Opfer zugehen, sich um den jungen Menschen kümmern, indem sie Sorge dafür trägt, daß das Menschenmögliche getan wird, um den angerichteten psychischen und spirituellen Schaden zu beseitigen. Sie muß wie eine Mutter, ohne Einschränkung, ganz für „ihr" Kind da sein, dem unsägliches Leid zugefügt wurde. Hier ist von seiten der Kirche eine Haltung gefragt, die Kennzeichen ist für das Erbarmen Gottes. Das aber meint, so Rolf Zerfaß (vgl. Müller 1993,15), „eine Art instinktive Zuneigung zum Lebewesen als einen Lebendigen. Es ist eine irrationale, kopflose Liebe, die sich deshalb auch in einem sofortigen Tun äußert. Was in solcher Weise vom Bauch ausgelöst wird, dafür ist keine Zeit, abzuwarten, was, wann in die Tat umgesetzt werden kann. Das wird sofort gemacht, wie sich der Samariter sofort erbarmt und wie der Vater sofort auf seinen Sohn, den er für verloren erachtete, losläuft. Der alte Vater rennt los, der Samariter wäscht die Wunden aus, packt den Überfallenen auf sein Reittier, zahlt die Pensionskosten usw."

Eine solche Haltung und ein solches Verhalten stehen im schroffen Gegensatz zu dem Taktieren, Vertuschen, Sich-Heraushalten und Abstreiten, das leider immer noch auch zum Erscheinungsbild kirchlichen Umgangs mit den Opfern sexuellen Mißbrauchs durch kirchliche Mitarbeiter gehört.

*Anwälte des Opfer*

Im Falle sexuellen Mißbrauchs Minderjähriger durch kirchliche Mitarbeiter und Mitarbeiterinnen ist es wichtig, über Personen zu verfügen, die Anwalt der Opfer sind. Es sollte sich dabei um Personen handeln, die vertrauenswürdig sind und die sich in „solchen Fällen" auskennen. Sie wissen um die psychischen Auswirkungen sexuellen Mißbrauchs und kennen sich aus, was die formalen Schritte betrifft, die in einer solchen Situation anstehen. Margo Maris (in: Hopkins 1995,4) beschreibt den Anwalt als die Person, die dem Opfer hilft, die kleine Stimme in sich selbst zu entdecken, die aus verschiedenen Gründen unfähig ist, sich mutig und kräftig zu äußern. Ein solcher Anwalt spricht nicht für andere, sondern hilft und ermutigt sie, ihre eigenen Entscheidungen zu treffen. Er ist eine Stütze für das Opfer.

In der Kirche sollte es Männer und Frauen geben, die entsprechend ausgebildet sind und dann für eine solche Situation abrufbar sind. Dabei muß gewährleistet sein, daß diese Personen unabhängig sind, das heißt in ihrer Aufgabe, die Sache des Opfers zu vertreten, durch keinerlei Abhängigkeit beeinträchtigt werden. So müssen sie zum Beispiel auch dann die Angelegenheit des Opfers wahrnehmen, wenn das zu Konflikten mit der Kirchenbehörde führt. Der Anwalt muß eine Person sein, die das Vertrauen des Opfers besitzt. Das ist nur dann möglich, wenn es sich um eine Person handelt, die die Sache des Opfers zu ihrer Sache macht und sich dabei nicht von irgendeiner Seite manipulieren läßt.

Margo Maris und Kevin M. McDonough (in: Gonsiorek 1995, 348 ff.) nennen folgende Schritte, die im Falle der Kontaktaufnahme eines Opfers mit einem Anwalt beachtet werden sollen:

1. Ein Anruf erreicht das Büro des Anwalts. Es ist wichtig, daß der Anrufer weiß, mit wem er es am anderen Ende der Leitung zu tun hat, denn der Anrufer sollte nicht seine Geschichte jemandem erzählen, der dafür gar nicht zuständig ist und der nicht helfen kann. Der Anwalt sollte sich und seine Aufgabe vorstellen, indem er sagt: „Mein Name ist ... Ich bin dazu ausgebildet, den Geschichten und Fällen von Menschen

zuzuhören, die sexuell mißbraucht worden sind. Ich bin ein Anwalt, nicht im juristischen Sinne, sondern in dem Sinne, daß ich für einen anderen Menschen spreche und seine Interessen wahrnehme. Ich bin kein Therapeut und kein Seelsorger." Sollte es sich bei dem Anwalt um einen Priester, einen Diakon oder anderen kirchlichen Mitarbeiter handeln, ist es wichtig, sich als solcher erkenntlich zu machen. Weiter sollte der Anwalt die anrufende Person fragen, ob sie einen Psychotherapeuten, geistlichen Begleiter, einen kirchlichen Mitarbeiter, einen nahen Freund oder einen Rechtsanwalt hat. Das hilft das Unterstützungssystem kennenzulernen. Der Anwalt mag die erste Person sein, die etwas von der Geschichte erfährt. Er sollte aber versuchen, dazu beizutragen, daß er nicht die einzige Person bleibt.

2. Fragen Sie den Anrufer: „Befinden Sie sich an einem Ort, wo sie offen mit mir reden können? Möchten Sie mit mir eine Zeit und einen Ort vereinbaren, wo wir miteinander sprechen können oder möchten Sie gleich am Telefon sprechen?" Sagen sie ihm, was er mitteilt, wird diskret behandelt. Wenn es bezüglich der Vertraulichkeit Einschränkungen durch Gesetze gibt, erwähnen sie das auch. Lassen sie den Anrufer wissen, daß es ihm frei steht, anonym zu bleiben. Will er aber, daß die Kirche gegen den mutmaßlichen Täter vorgeht, muß er sagen, wer er ist und gegebenenfalls eine schriftliche Anklage erheben. Auch wird es in diesem Fall zu einem Treffen mit Vertretern der Kirche kommen.

3. Wenn Sie von dem Opfer gefragt werden, ob und wie Sie als Anwalt helfen können, antworten sie auf eine beruhigende Art und Weise, vermeiden sie aber den Eindruck, als könnten sie alles in Ordnung bringen. Versuchen Sie bei dem Gespräch einfach ihre ganze Aufmerksamkeit dem Anrufer oder der Anruferin, dem Verlauf seiner/ihrer Geschichte und den Gefühlen, die er oder sie äußert, zu widmen. Exakte Zeiten und Orte sind im Augenblick nicht so wichtig. Der Anwalt versucht zunächst der Person, die mißbraucht worden ist, zu helfen, mit ihrem Gefühl von Ohnmacht und Erniedrigung zurechtzukommen.

4. Folgende fünf Verhaltensweisen gilt es dabei zu beachten: *Glauben* Sie, was Ihnen gesagt wird.

*Bestätigen* Sie das, was Ihnen gesagt worden ist und wie es Ihnen gesagt worden ist.

*Unterstützen* Sie die Opfer, wenn diese irgendein Bedürfnis äußern.

*Helfen* Sie Ihnen, das durchzuführen, was ansteht.

*Vermitteln* Sie sie einen Therapeuten, geistlichen Begleiter, Rechtsanwalt, die Polizei, den Kinderschutz usw.

Alle diese Aktionen sollen im Verlaufe des Gespräches durchgeführt werden. Machen Sie keine Versprechungen, die Sie nicht halten können. Legen Sie den Opfern nichts in den Mund, was nicht gesagt worden ist. Lassen Sie sie mit ihrer eigenen Stimme sprechen. Erwarten sie nicht irgendwelche bestimmten Reaktionen oder Antworten. Manche Opfer weinen nicht einfach los oder äußern nicht sofort Wut.

5. Hören Sie einfach der Geschichte des Opfers zu. Werden Sie nicht zu einem Detektiv! Sie brauchen nicht alle Details, um an die Geschichte zu glauben. Der Advokat benötigt soviele Details der Geschichte, um überzeugt sagen zu können:
   a) Ich glaube Ihnen
   b) Es ist nicht Ihre Schuld
   c) Es war falsch
   d) Das ist auch anderen schon passiert, da sind Sie nicht alleine
   e) Wie kann ich Ihnen helfen?
   f) Geben Sie ihm Worte, für das, was ihm passiert ist.

6. Versuchen Sie während des Gespräches die augenblickliche Lebenssituation festzustellen (z.B. ob die Gefahr für einen Selbstmordversuch besteht oder ob es andere, aktuelle Ereignisse gibt, die mit besonders viel Streß verbunden sind).

7. Während der Unterhaltung:
   a) Bleiben Sie immer an der eigentlichen Geschichte dran, also dem sexuellen Mißbrauch durch einen kirchlichen Mitarbeiter.
   b) Sagen Sie klar, das es nicht zutrifft, daß die Kirche das nicht hören will. Das gilt auch für falsche Vorstellungen, die gegebenenfalls geäußert werden.
   c) Gehen Sie zunächst nicht davon aus, daß diejenigen, die anrufen, beten oder biblische Geschichten hören wollen usw.

d) Nennen Sie einige Möglichkeiten, die jetzt in Frage kommen. Etwa:

1. Schauen Sie, daß, wenn das möglich ist, Sie nicht alleine sind.
2. Lesen Sie bestimmte Bücher oder Artikel.
3. Nehmen Sie an einer Einzel- oder Gruppentherapie teil.
4. Tun Sie nichts.
5. Nehmen Sie Kontakt mit einem Rechtsanwalt auf.
6. Informieren Sie die kirchliche Behörde.
7. Machen Sie eine Anzeige.
8. Stellen Sie gegenüber dem Anrufer klar und klären sie mit ihm ab, welche Rolle Sie innehaben.
9. Nach dem ersten Telefonanruf oder sobald die Geschichte klar ist, gilt es die anstehenden notwendigen Schritte festzulegen und Vermittlungen durchzuführen.

*Hilfe für die spirituelle Heilung und Versöhnung*

Kinder und Jugendliche, die außerhalb des kirchlichen Kontextes Opfer sexuellen Mißbrauches geworden sind, finden in der Regel in einer verständnisvollen Umgebung und schließlich durch psychotherapeutische Begleitung die Hilfe und Unterstützung, die sie am dringendsten benötigen. In manchen Fällen wird auch seelsorgliche Hilfe in Anspruch genommen. Für Opfer sexuellen Mißbrauchs durch Priester oder andere kirchliche Mitarbeiter ist neben einer notwendigen psychotherapeutischen Begleitung eine seelsorgliche oder geistliche Begleitung oft dringend notwendig.

Die Kirche ist im Falle sexuellen Mißbrauchs durch einen ihrer Mitarbeiter oder Mitarbeiterinnen in ihrem ureigensten Bereich herausgefordert und angefordert: dem geistlichen Bereich. Es ist nicht nur ein Mann, eine Frau, die dem Kind großen Schaden zugefügt haben. Es sind Personen der Kirche, es sind Personen, die für das Transzendente, das Heilige, in einer gewissen Weise für Gott, stehen. Diese Männer und Frauen haben nicht nur das „Heilige", für das sie stehen, verletzt, sie haben darüberhinaus die Beziehung des Kindes zu Gott beschädigt.

Wenn im Zusammenhang mit sexuellem Mißbrauch von Seelenmord (vgl. Wirtz 1992) gesprochen wird, trifft dies in Fällen sexuellen Mißbrauchs durch kirchliche Mitarbeiter in besonderer Weise zu. Zu dem psychischen Schaden, der durch ein solches Verhalten im Inneren des Kindes angerichtet wird, kommt der spirituelle Schaden hinzu, der dazu führen kann, daß die Beziehung zu Gott verdunkelt und mitunter total zerstört wird.

Hier bedarf es von seiten der Kirche einer großen Sensibilität, großer Geduld und nicht nachlassender Liebe, um den Schaden, der durch einen aus ihren Reihen einer anderen Person zugefügt wurde, zu beheben und mitzuhelfen, daß mit der Zeit die Versöhnung mit Gott und irgendwann auch die Versöhnung mit der Kirche möglich wird.

Die Kirche wird dabei auch an Grenzen kommen. Wie kann sie, die in den Augen und dem Empfinden mancher Opfer gleichgesetzt wird mit dem Täter, der sie repräsentiert und in ihrem, „Gewand" sich Zugang und Vertrauen erschlichen hat, den spirituellen Schaden wieder gutmachen? Kirchliche Mitarbeiter und Mitarbeiterinnen werden daher manchmal, zumindest zunächst, nicht als geistliche oder seelsorgliche Begleiter in Frage kommen. Es sei denn, es gelingt ihnen, eine gute, stabile, persönliche Beziehung mit dem Kind aufzubauen, die die Tatsache, daß die Begleiter im Dienst der Kirche arbeiten, relativiert. Vielleicht sind in einer solchen Situation aber auch Menschen als geistliche Begleiter gefragt, die ohne großen kirchlichen Bezug in der Lage sind, mitzuhelfen, daß die geistlich-seelischen Probleme des Kindes gesehen und zur Sprache gebracht werden können.

### 3. Hilfen für die sekundären Opfer sexuellen Mißbrauchs

Die verheerenden Auswirkungen sexuellen Mißbrauchs Minderjähriger im kirchlichen Kontext betreffen nicht nur die primären Opfer, die Kinder selbst, sondern auch die ganze Gemeinschaft: die Familien und Freunde des Opfers; die Schule, Nachbarschaft, Pfarrgemeinde, Jugendgruppen, Sportgruppen usw.; die Gruppe, die mit dem Mißbraucher in einem Zusammenhang steht, wie der Lehrkörper einer Schule, kirchliche Mitarbeiter und Mitarbeiterinnen, Psychologen und Therapeuten usw. (vgl. Canadian Conference of Catholic Bishops 1992,63). Diese Personen oder Einrichtungen geraten in unterschiedlichem Ausmaß in eine Atmosphäre, die von Mißtrauen, Verdächtigungen, heimtückischer Anklage und manchmal sogar Verachtung geprägt ist.

## Die Angehörigen der Opfer

Opfer sexuellen Mißbrauchs Minderjähriger durch kirchliche Mitarbeiter sind auch deren Familienangehörige. Ihnen wird ein großer Schmerz zugefügt. Für manche Eltern ist es, als seien sie selbst mißbraucht worden. Die Vorstellung, eine Person, der sie vertraut haben und die sogar oft einen selbstverständlichen Zugang zur Familie hatte, tut ihrem Kind so etwas Furchtbares an, verschärft den Schmerz. Es versetzt sie in Agonie, Entsetzen und Trauer. Dazu kommt der spirituelle Schaden. Es sind ja oft gerade die Familien, die besonders aktiv am Leben der Kirchengemeinde teilnehmen, die tangiert werden. Manche Familien haben zu diesem Priester oder kirchlichen Mitarbeiter enge Beziehungen unterhalten. Gemeinsame spirituelle Erfahrungen, wie das Feiern von unzähligen Gottesdiensten, aber auch Begebenheiten wie Eheschließung, Taufe usw., verbinden sie miteinander.
Viele Angehörige schämen sich, daß ihnen das „passiert" ist. Sie befürchten, daß die anderen auf sie deuten. Andere empfinden Schuld darüber, weil sie glauben, nicht genug getan zu haben, um ihr Kind zu schützen. Hat die Familie sich zum Anwalt des Kindes gemacht und Initiativen ergriffen, die dazu führen, daß ein kirchlicher Mitarbeiter beurlaubt bzw. von der Gemeinde entfernt wird, muß die Familie damit rechnen, von anderen Gemeindemitgliedern deswegen angefeindet zu werden. Sie werden dann dafür verantwortlich gemacht, daß der beliebte Seelsorger der Gemeinde genommen wird. Zu dem Schmerz über das, was dem eigenen Kind angetan worden ist, den Scham- und Schuldgefühlen, kommt dann noch das Gefühl von Entfremdung und Ablehnung.
In dieser Situation ist die Unterstützung durch Freunde, glaub-

würdige Vertreter der Kirche und andere Gemeindemitglieder wichtig. Manchmal kommen Angehörige so sehr an ihre psychischen Grenzen, daß sie professionelle Beratung in Anspruch nehmen müssen. Eine Einzeltherapie oder auch eine Kleingruppe, in der es möglich ist, offen über all das zu sprechen, was durch die Vorgänge ausgelöst worden ist, bieten sich dafür an (vgl. Müller 1989). Auch eine spirituelle Begleitung, die hilft, das zu heilen, was geistlich in ihnen zerbrochen wurde, kann angebracht sein.

*Angehörige der Täter*

Nach Ann und Derek Legg (in: Hopkins/Laaser 1995,144 ff.) wird den Angehörigen der Täter am wenigsten Aufmerksamkeit geschenkt. Bei verheirateten kirchlichen Mitarbeitern oder im protestantischen Bereich bei verheirateten Pfarrern sind das die Ehepartner und die Kinder. Bei Priestern die Eltern, Verwandte, die Pfarrhaushälterin oder die nächsten Freunde. Es sind die Menschen, die dem Mißbraucher am nächsten sind, die in der Regel eine gute Beziehung mit ihm unterhielten und keine Ahnung von dessen Fehlverhalten hatten. Sie sind schockiert, können es sich überhaupt nicht vorstellen, daß ihr Sohn, ihr Partner, ihr Freund so etwas tut. Sie sind irritiert, fühlen sich hin- und hergerissen zwischen einerseits weiterer Zuneigung zu dem Menschen, der ihnen soviel bedeutet und andererseits Verachtung über das sexuelle Fehlverhalten. Dazu kommt, daß die mögliche Abneigung, die der Mißbraucher durch andere Menschen, zum Beispiel aus der Gemeinde erfährt, auch auf sie ausgeweitet werden kann.

Am schlimmsten trifft das sicher den Partner und die Kinder. Das Fehlverhalten des Vaters, des Ehepartners stiftet zunächst unabhängig von der beruflichen Situation innerhalb der Familie Verwirrung, löst Enttäuschung, Entsetzen, möglicherweise Hilflosigkeit und Verzweiflung aus. Dazu kommen die möglicherweise von außen herangetragenen Anfeindungen, der Verlust der bisher eingenommenen sozialen Stellung sowie die Demütigung und Schande, die damit einhergehen können. Wenn die Ehefrau in ihrem Mann den einzigen wirklichen Freund und spirituellen Begleiter hatte, sind ihre Möglichkeiten in dieser

Situation Hilfe von anderen Personen zu bekommen, sehr beschränkt. „Da der Pfarrer", so Ann und Derek Legg (ebd.), „von der Kirchenbehörde und den anderen Mitgliedern der Gemeinde gemieden wird, befindet er sich selbst in einer schwierigen spirituellen, moralischen und emotionalen Situation, so daß er als Ansprechpartner für seine Frau natürlich nicht in Frage kommt. Sie ist dann einer Situation ausgesetzt, die Entwürdigung, Ärger, Verletzung und Angst kennt. Sie hat ihr Gesicht und ihren Status verloren. So kann es auch vorkommen, daß in einer solchen Situation der Partner, der ohne geistliche Begleitung ist, den Glauben aufgibt, zumindest aber voller Ärger gegenüber Gott ist. Diese Situation, in der sich viele Angehörige von Tätern wiederfinden, kann in die Depression oder andere Krankheiten führen, die entstehen, wenn jemand besonders streßvollen Situationen ausgesetzt ist."

Ann und Derek Legg empfehlen Angehörigen von Tätern, all die Gefühle, die über den Verlust, der mit dieser Situation für sie einhergeht, vorhanden sind, anzunehmen. Das braucht Zeit, verlangt viel Kraft und ist mit großen Schmerzen verbunden. Weiter ist es für die Angehörigen wichtig, sich selbst nicht zu Schuldigen zu erklären, auch wenn ihnen das manchmal schwer gemacht wird, da andere in der Art und Weise wie sie ihnen begegnen, sie in den Dunstkreis des Täters stellen. Ganz entscheidend ist es, daß die anderen Mitglieder der Gemeinde die Angehörigen des Täters nicht fallenlassen, sondern gerade in dieser Situation, ohne aufdringlich zu sein, auf sie zugehen, sie stützen und, soweit die Angehörigen dazu bereit sind, auf die Vorgänge zum Sprechen kommen. Hier zeigt sich, welche Größe eine christliche Gemeinschaft hat. Wendet sie sich ab, läßt sie die Betroffenen im Stich, schreibt sie sie gar ab, oder sieht sie es gerade jetzt als ihre Aufgabe, sich den Menschen zuzuwenden, die in besonderer Weise der Unterstützung und da auch der geistlichen Begleitung und der Versicherung, weiterhin dazuzugehören, bedürfen?

*Hilfe für die Gemeinde*

*Die Schwierigkeit, die bittere Wahrheit zu akzeptieren*
Opfer sexuellen Mißbrauchs an Minderjährigen durch kirchli-

che Mitarbeiter und Mitarbeiterinnen ist weiter die Gemeinde. Für die Mitglieder einer Gemeinde bricht oft eine Welt zusammen, wenn sie erfahren, daß ihr Pastor Minderjährige aus ihren eigenen Reihen sexuell mißbraucht hat. Für viele ist es zunächst unfaßbar, sie geraten in Schock, kommen nicht darüber hinweg, können es einfach nicht verstehen. Andere wollen sich dieser Wahrheit nicht stellen.

Manche glauben bis zum Schluß an die Unschuld ihres Pfarrers oder kirchlichen Mitarbeiters, um schließlich doch mit der Wahrheit konfrontiert zu werden.

*Klaus Hoppe (1985,13 ff.) schildert sehr eindrücklich, wie die Gemeindemitglieder von Thousand Oaks auf die Zeitungsnachricht reagierten, ihr beliebter Kaplan Römer habe einen sieben Jahre alten Jungen aus der Katechismusklasse der Pfarrschule sexuell belästigt. Eine Flut von aufgebrachten, verärgerten und anklagenden Telefonanrufen überschwemmte daraufhin die Redaktion. Kaplan Römer wurde mit einem Opferlamm verglichen, das vor der Verurteilung gehängt und gekreuzigt worden sei. In einem Leserbrief erklärte ein Zwölfjähriger, Kaplan Römer würde nicht einmal im Traum ein Kind mißbrauchen. Sein Postskriptum lautete: „Kaplan Römer, wir alle stehen hinter Dir und lieben Dich!" Gleiche, totale Unterstützung wurde von den Eltern ausgedrückt. Da Kaplan Römer sein Leben Gott geweiht hatte, könne er nur göttliche Liebe verschenken. Seine innerliche, gewissenhafte Unschuld schließe jegliche unmoralische Tat grundsätzlich aus.*

*Weiter berichtet Klaus Hoppe: „Im Gerichtssaal bestritt Kaplan Römer jegliche Schuld dem siebenjährigen Schuljungen gegenüber. Beim Verlassen des Gebäudes drängten sich aufgebrachte Gemeindemitglieder um ihn als Schutz vor den Scheinwerfern der Fernsehkameras und den Fragen der Reporter.*

*„Warum tut ihr ihm das an?!" schrie eine Frau.*

*„Warum nicht?!" antwortete eine andere. „So behandelten sie Jesus!"*

*„Die gleichen Leute, die ihn jetzt verhafteten, haben ihn mitten in der Nacht um seine Hilfe gebeten, wenn sie mit ihrem Teenager-Sohn nicht zurecht kamen", meinte ein Kirchgänger und Freund des Priesters. Kaplan Römer dankte seinen Anhängern*

*zunächst. Die Gruppe wollte den Namen des Siebenjährigen und
seiner Eltern wissen, obgleich die Polizei dazu nicht befugt war.
„Kinder lügen ständig", rief ein anderer. Die Präsidentin einer
Nationalen Vereinigung besorgter Bürger zur Verhinderung von
Kindesmißbrauch fand es hingegen verwunderlich, daß Erwach-
sene Kindern so selten Glauben schenken. Gleichzeitig mit die-
sem Tumult vor dem Gerichtsgebäude in Ventura beten Hunder-
te in der St. Paschal Baylon Kirche in Thousand Oaks für ihren
Kaplan Pat Römer.
Schließlich rang sich die Mutter eines Sechsjährigen zu einer
Enthüllung durch. Diese Mutter erklärte:
„Ich weiß, die Anklage besteht zurecht. Abgesehen von meinem
Ehemann, wüßte ich niemanden, bei dem ich das mehr beklagen
würde. Ich glaube, der Priester ist krank und braucht Hilfe, die
er so vielen anderen gegeben hat. Was mich tief beunruhigt, ist,
daß so viele Gemeindemitglieder jede Möglichkeit blind zurück-
weisen, Kaplan Römer könnte weniger als vollkommen sein.
Entweder unschuldig oder verdammt! Sie setzten falsches Vertrauen in ihn und geben ihm so nicht die geringste Chance, weniger als vollkommen zu sein."
Einige Monate später war es dann so weit. Kaplan Römer, nun
nicht mehr in Priestertracht, gestand vor Gericht, einen Sechs-,
einen Zehn- und einen Zwölfjährigen in seiner Pfarrschule sexuell belästigt zu haben. Nur einige wenige Gemeindemitglieder
saßen stumm im Gerichtssaal. Einzelheiten von Kaplan Römers
Verfehlungen wurden bekannt. „Er hatte unter anderem die Genitalien der Jungen berührt und dabei masturbiert. Wiederum
waren einige Leser über diese Enthüllungen empört, während
andere die Berichterstattung lobten und christliche Vergebung
empfahlen. Doch dann mehrten sich Stimmen, die auf die Heu-
chelei jener Gemeindemitglieder hinwiesen, die einerseits Kaplan Römer in den Himmel hoben, andererseits die geschädig-
ten Kinder und deren Familien verdammten. Und die katholische
Kirche und Hierarchie wurde kritisiert, weil sie zu all dem, was
sie über Kaplan Römer wußte, geschwiegen hatte."
Zwei Monate später wurde Kaplan Römer für die Dauer der
Höchststrafe von 10 Jahren und vier Monaten in ein Gefängnis
eingewiesen. In seiner Begründung wies der Richter besonders
auf das ursprünglich von den Eltern und ihren Kindern in Ka-*

*plan Römer gesetzte Vertrauen hin und sagte: „Vermutlich ist es*
*für sie fast so, als hätte der liebe Gott ein Verbrechen begangen."*

Im Falle sexuellen Mißbrauchs, etwa durch einen Priester, gilt
die Sorge neben der Sorge für das durch den Vorfall direkt betroffene Kind, der Gemeinde selbst. Ihr wird durch ein solches
Vorgehen eine Wunde zugefügt, sie wird in Unruhe und Verwirrung gestürzt. Nils Friberg (in: Hopkins/Laaser 1995,59) macht
darauf aufmerksam, daß vor allem junge Leute in einer Gemeinde durch das Fehlverhalten eines kirchlichen Mitarbeiters betroffen sind. Ihrem Idealismus wird durch diese harte Wirklichkeit brutal der Boden entzogen. Andere erwachsene Personen
in der Gemeinde, die durch ihre Gesinnung und ihr Verhalten
überzeugend wirken, können ihnen helfen, *„einen* Fall" nicht
für alles, was mit Kirche und Spiritualität zu tun hat, zu sehen.
Fehlen solche überzeugenden Modelle, kann die Enttäuschung
über das Verhalten des Gemeindepriesters dazu führen, daß sie
„dem ganzen Verein", der in ihren Augen dann nur noch aus
Heuchlern besteht, den Rücken kehren. Für andere Menschen
in der Gemeinde haben Priester die Rolle von Ersatzvätern übernommen. Ihr sexuelles Fehlverhalten mag dann für sie wie Inzest gesehen und gewertet werden und sie entsprechend verletzen.

*Mut zu Transparenz*
Wie kann sich die Sorge für die Gemeinde ausdrücken, worin
kann sich zeigen, daß die Gefühle der Gemeindemitglieder ernstgenommen werden? Es beginnt damit, ob und inwieweit die Gemeinde über den Vorfall informiert wird. Wird die Gemeinde in
einer behutsamen und angemessenen Weise über den Vorfall
und die Situation informiert oder aber wird die ganze Angelegenheit totgeschwiegen bis dahin, daß wider besseres Wissen
die Unwahrheit gesagt wird?
Der notwendige Heilungsprozeß einer Gemeinde kann geschehen, wenn von Anfang an die Gemeinde in die Situation eingeweiht wird. Geschieht das nicht, kann ein solcher Heilungsprozeß nicht stattfinden. Dann besteht die Gefahr, daß über Um-
wege, durch Indiskretionen und Unausgesprochenes das Gift
des Geschehens in die Gemeinde selbst hineingetragen wird,

mit dem Ergebnis, daß sich eine Schwere über die Gemeinde legt und die Menschen nicht in der Lage sind, offen miteinander zu sprechen. Das wird sich dann in vielen Bereichen des gemeindlichen Zusammenlebens entsprechend negativ niederschlagen.

So läßt sich nach Chilton Knudsen (in: Hopkins/Laaser 1995, 75ff.), die Ursache einer Störung in der Gesamtorganisation einer Gemeinde manchmal auf ein schmerzliches, nicht ausgesprochenes Geheimnis zurückführen, das unsichtbar innerhalb der Gemeinde gleichsam herumschwebt. Wie radioaktiver Abfall infiziert das Gift dieses Geheimnisses die gesamte Organisation, indem es Energien auffrißt, die Wahrnehmung entstellt und den normalen Lebensprozeß durcheinanderbringt. Das kann so weit gehen, daß auch dann, wenn der betreffende Priester nicht mehr in der Gemeinde ist, das Gift immer noch seine Wirkung hat. Die Auswirkungen dieser Vergiftung, die sich über Jahre angesammelt haben, tragen zur Verwirrung der nachfolgenden Seelsorger und der Gemeinde selbst bei. Allein die Tatsache eines sexuellen Fehlverhaltens durch einen kirchlichen Mitarbeiter stellt, unabhängig von der Art dieses sexuellen Fehlverhaltens, so Chilton Knudsen, eine tiefe Wunde in der Geschichte der Gemeinde dar. Weiter meint er: „Wenn sexuelles Fehlverhalten mit dem Weggang eines Leiters einer Gemeinde in Zusammenhang zu bringen ist und die Umstände verdeckt oder überhaupt nicht mitgeteilt werden, kann das für die Gemeinde von großem Schaden sein. Die Geschichte dieser Gemeinde ist dann nicht länger heil. Sie verliert ihre inspirierende und einheitsstiftende Kraft" (92).

Es ist also wichtig, die Gemeinde über die Vorfälle zu informieren. Das verlangen der Respekt vor der Gemeinde und das Vertrauen in die Gemeinde, daß sie mit dieser Situation zurechtkommt. Geschieht das nicht, wird der Gemeinde Unrecht zugefügt. Unausgesprochen wird damit auch zum Ausdruck gebracht, daß die Reputation eines Klerikers wichtiger ist als, auf lange Sicht gesehen, das Wohlbefinden der Gemeinde. „Diese Einstellung ... erweckt den Eindruck, daß Kleriker und Kirchenleute nach ihren eigenen Regeln leben" (93).

Das Ziel der Aufdeckung und Information über den Vorfall gegenüber der Gemeinde ist es nicht, den kirchlichen Täter herabzusetzen und zu bestrafen. Vielmehr geht es darum, auf diese Weise alle davon Betroffenen zu informieren und an der Lösung der dadurch zu Tage tretenden Probleme zu beteiligen. Oft bietet es sich an, dazu die ganze Gemeinde einzuladen und sie durch einen offiziellen Vertreter der Kirche, zum Beispiel den Dekan oder einen Vertreter der bischöflichen Behörde, zu informieren. Empfehlenswert ist es, dabei auch Männer und Frauen miteinzubeziehen, die vorher über die Situation eingeweiht wurden und die stützend mitwirken, so daß nicht einer allein mit einer so schwierigen Nachricht vor eine Gemeinde treten muß. Diese Personen sollten auch in der Lage sein, die anschließende Diskussion so zu handhaben, daß genügend Raum gegeben wird, alle aufkommenden Fragen und vorhandenen Gefühle zu äußern.

*Der Heilungsprozeß*

Der Prozeß der Heilung in einer Gemeinde beginnt damit, das Furchtbare, das geschehen ist, zur Kenntnis zu nehmen, und nicht so zu tun, als könne man jetzt einfach zur Tagesordnung übergehen. Es gilt, sich dem Schmerz zu stellen, der durch das Fehlverhalten des Priester der ganzen Gemeinde zugefügt wurde. Geht man zu schnell darüber hinweg, wird sich das auf vielerlei Weise rächen. Die Gemeinde erlahmt zunehmend, es werden Aktivitäten inszeniert, die verquer laufen, Ursachen für Probleme in einer Gemeinde werden dort gesucht, wo sie letztlich nicht zu finden sind.

Eine Gemeinde beispielsweise, die ihren Seelsorger verliert, weil er Minderjährige sexuell mißbraucht hat, muß Abschied nehmen von einem idealen Bild des Priesters oder auch von sich als Gemeinde. Oft muß sie auch konkret Abschied nehmen von einem Seelsorger, der mitunter sehr beliebt und für viele in der Gemeinde eine wichtige Person war. Die Gemeinde braucht Zeit, um über den vielfältigen Verlust, der mit dem Fehlverhalten eines Seelsorgers einhergehen mag, trauern zu können. Sie muß dabei den Schmerz zulassen über das, was geschehen ist, was sie verloren hat, *und* das Schöne würdigen, was ihr in den vergangenen Jahren geschenkt worden ist. Die Trauerarbeit kann auf ganz unterschiedliche Weise und in ganz unterschiedlichen Formen geschehen, sei es in Gottesdiensten, über Predigten, in

Einzelgesprächen oder in Kleingruppen. Bei dieser Gelegenheit gilt es auch immer wieder deutlich herauszustellen, *wer* für den Mißbrauch verantwortlich ist. Hier geht es der Gemeinde wie dem direkt betroffenen Opfer: Für sie ist es wichtig, sich klar zu machen, wer die Verantwortung für den Mißbrauch trägt, auch um sich selbst vor eigenen Schuldzuweisungen zu schützen. Ein so furchtbares Vergehen wie sexueller Mißbrauch Minderjähriger durch einen Priester, kann den Glauben mancher Gemeindemitglieder zutiefst erschüttern. Sie hinterfragen alles, was ihnen bisher etwas bedeutet hat. Wie kann so etwas in der Kirche passieren? Wie kann Gott so etwas zulassen? Andere mögen sich fragen, wie steht es jetzt mit den Taufen, den Eheschließungen, an denen dieser Pfarrer oder Diakon beteiligt war? Sind sie noch gültig? Diese Fragen und die dahinter zum Ausdruck kommenden Ängste müssen ernstgenommen werden.

Auch ist das der Zeitpunkt und zugleich auch eine Chance, manche kindlichen Vorstellungen von Kirche und Glauben um erwachsenere und realistischere Vorstellungen zu ergänzen. So ist die Kirche und sind die Menschen, die in ihr das Sagen haben, genauso fehlerhaft und der menschlichen Schwachheit ausgesetzt wie andere. Unter ihnen gibt es Personen, die menschlich unreif oder psychisch krank sind. Und es gibt unter ihnen Leute, die sich kriminell verhalten. Dazu kommt: Auch wenn in der Kirche ständig von Gott die Rede ist, heißt das nicht, daß Gott tatsächlich für alles, was anscheinend in seinem Namen gesagt oder getan wird, verantwortlich gemacht werden kann. So mag für manche durch einen solchen Vorfall ein Prozeß ausgelöst werden, der sie theologisch, vor allem aber spirituell weiter und tiefer werden läßt. Andere wieder mag das den Rest geben und sie veranlassen, endgültig die Kirche zu verlassen.

Die Aufarbeitung sexuellen Mißbrauchs im kirchlichen Kontext durch eine Gemeinde kann also eine Chance darstellen, spirituell zu wachsen. So berichtet Chilton Knudsen (1995, 100f.): „Viele Gemeinden, mit denen wir gearbeitet haben, berichten, daß sie noch einmal ganz neu das Geschenk des Glaubens verstanden, als sie durch die Erfahrung von sexuellem Fehlverhalten gezwungen wurden, ihre eigenen Glaubensvorstellungen zu überprüfen. Vergebung zum Beispiel ist ein Prozeß der Reue, die den Vorsatz der Besserung und eine Bereitschaft zur Verwandlung einschließt. Vergebung ist eine starke und heilige Wirklichkeit, die Fragestellungen der Verantwortbarkeit und Wiedergutmachung einschließt. So kann sexuelles Fehlverhalten zu einer vertieften Kenntnis spiritueller Sinngehalte für Begriffe beitragen, die einem sonst sehr leicht über die Lippen gehen." Weiter meint er: „Wir haben uns mit dieser Heilungsarbeit in Gemeinden lange genug beschäftigt, um die langfristigen Auswirkungen eines solchen Heilungsprozesses sehen zu können. Was wir sehen, sind Gemeinden, die nicht versuchen, ihre Vergangenheit zu verstecken oder zu verneinen, sondern die ihre Vergangenheit in ihr augenblickliches Leben und ihren augenblicklichen Dienst integrieren. Ihre Erfahrung von Schmerz, den sie auch spirituell aufgearbeitet haben, hat sie mitleidensfähig gemacht. Sie hatten mehr Kraft und sie hatten mehr Erfahrung aus erster Hand, was es heißt, aus einem Status der Sklaverei, in den Zustand der Freiheit zu gelangen, vom Tod ins neue Leben. Geheilte Gemeinden unterhalten gesündere Beziehungen zu ihren Seelsorgern auf der Suche, bezogen auf Rollen, Systeme, Verantwortung und pastorale Praxis, Klarheit zu finden. Sie wissen, was es heißt, gemeinsam Verantwortung für das Leben in der Gemeinde zu übernehmen und sie sind bereit, sich darauf einzulassen. Sie berichten uns, oft erst viel später, daß die Aufdeckung und die Heilung, vor der sie zunächst Angst hatten und der sie sich zunächst widersetzten, Erneuerung und Stärke mit sich brachten".

*Mitbrüder und andere kirchliche MitarbeiterInnen,*
*die keine Täter sind*

*Verdächtigungen: Du bist auch einer von denen*
Zu Opfern sexuellen Mißbrauchs Minderjähriger im kirchlichen Kontext gehören auch die Mitbrüder und andere kirchliche Mitarbeiter und Mitarbeiterinnen, die keine Täter sind. Ihr Image wird durch einen solchen Vorfall, vor allem aber, wenn solche Vorkommnisse gehäuft vorkommen, mitbeschädigt, wie ja das Image der Kirche an sich dadurch stark in Mitleidenschaft gezogen wird. Das Vertrauen, das kirchlichen Mitarbeiterinnen und Mitarbeitern oft wie selbstverständlich zukommt, mag ihnen dadurch entzogen werden. Die Menschen werden hellhöri-

ger, mitunter auch mißtrauischer und verhalten sich gegebenenfalls insgesamt zurückhaltender gegenüber Priestern und Seelsorgern. Das mag im Einzelfall auch zu einer druchaus angemessenen größeren Zurückhaltung und Vorsicht gegenüber kirchlichen Mitarbeitern führen. Wenn das aber so weit geht, daß ein zunächst selbstverständliches Grund-Vertrauen gegenüber dem Seelsorger in Grund-Mißtrauen umschlägt, dann hat das schädliche Auswirkungen für die seelsorgliche Arbeit und wird auch den meisten Priestern, Seelsorgern und Seelsorgerinnen nicht gerecht. Integre Seelsorger und letztlich auch die Gemeinde müssen dann für das Vergehen kirchlicher Mitarbeiter und Mitarbeiterinnen büßen. Kirchliche Mitarbeiter fühlen sich in solchen Situationen Verdächtigungen ausgesetzt, die mit ihrem eigenen persönlichen und seelsorglichen Verhalten überhaupt nichts zu tun haben, sondern allein auf das schlechte Image ihres Standes zurückzuführen sind. In manchen Fällen kann das so weit gehen, daß Priester außerhalb ihrer Gemeinde sich ganz bewußt nicht als Priester zu erkennen geben, um zu vermeiden, von anderen als *dazu* gehörig eingestuft zu werden. Verheerende Auswirkungen kann dieses schlechte Image auf die Seelsorge mit Kindern und Jugendlichen haben. Wenn das dazu führt, daß der unmittelbare Kontakt zwischen Seelsorger und Kindern oder Jugendlichen verpönt wird, ein Priester außer der Beichte nicht mehr allein mit einem Jugendlichen sein darf, dann diktiert nur noch das Mißtrauen, was seelsorglich möglich ist. Das aber kann auf Dauer nicht gut sein, so sehr es wichtig ist, aus den negativen Erfahrungen Konsequenzen zu ziehen und alles Menschenmögliche zu tun, um sexuellen Mißbrauch Minderjähriger durch Priester und andere kirchliche Mitarbeiter zu verhindern.

*Negative Auswirkungen auf die Attraktivität des Priesterberufes*

Das schlechte Image der Kleriker hat sicher auch negative Auswirkungen auf die Attraktivität des Priesterberufes. Mancher, der grundsätzlich offen ist für den Beruf des Priesters, mag angesichts dieses negativen Images von Kirche, aber auch des Priesterberufes, das natürlich nicht alleine auf sexuelles Fehlverhalten von Priestern zurückzuführen ist, sich nicht entscheiden können, diesen Beruf anzustreben. Das ist verständlich, zugleich aber auch schade, da ein großer Bedarf an Priestern besteht und es wichtig ist, daß ein Mensch das tun und leben kann, wozu er sich innerlich motiviert und berufen fühlt.

*„Wie kann ich nach all den Skandalen im Zusammenhang mit sexuellem Mißbrauch noch Priester werden?", fragt ein junger Mann einen Priester (O'Connor 1995,38f.). Dieser antwortet ihm in einem Brief: „Priester zu sein ist eine Weise, Gottes Segen in Deinem Leben zu erfahren, und es ist eine Weise, Dich und andere Gottes Segen anzuvertrauen. Von daher ist es ein Schock, wenn ein Priester jemanden mißbraucht. In diesem Augenblick scheint es so, als sei aus dem Segen ein Fluch geworden. So sehr ein Priester, der eine Person sexuell mißbraucht, einer zuviel ist, so sehr ist es wichtig, nicht zu vergessen, daß die Mehrheit der Priester treu und unbemerkt Gottes Güte Tag für Tag unter die Menschen bringt. Die Mißbrauchsskandale haben das öffentliche Image der Priester in Mitleidenschaft gezogen. Der Glaube an das Gute im Priestertum hat dadurch etwas in den öffentlichen Augen gelitten. Daher ist es wichtig, sich über sexuellen Mißbrauch kundig zu machen. Der beste Weg um sicher zu gehen, daß Priester in Zukunft keine Kinder mehr mißbrauchen, ist, daß die Priesteramtskandidaten, Dich eingeschlossen, ein realistisches Verständnis von Priestersein und von sich selbst haben. Während deiner Zeit der Hinführung zum Priestertum solltest du die Tatsache zu akzeptieren lernen, daß Priester zu sein nicht heißt, einen sicheren Ort zu haben, wo Menschen keine Fehler mehr machen. Es ist nicht ein Himmel, frei von persönlichen Schwierigkeiten, die menschliche Erfahrung jedem von uns beschert. Priester zu sein ist vielmehr einem Schmelztiegel vergleichbar, in dem sowohl unsere von Gott geschenkten Talente, als auch unsere menschliche Schwachheit deutlich wird. Jene, die Priester werden, nehmen Gottes Ruf an, ihr Leben im Dienst für andere zu riskieren. Es ist kein leichtes Leben. Es ist ein Lebenswerk, Gottes Sorge und Liebe anderen Menschen zu bringen. Das aber können Priester nur mit Gottes Hilfe und mit Unterstützung ihrer Glaubensgemeinschaft tun.*
*Die griechische Welt kennt den Ausspruch „Erkenne dich selbst". Erkenne Dich selbst. Mit der Hilfe eines weisen, erfahrenen, ver-*

*trauenswürdigen Beraters oder spirituellen Begleiters erforsche Deine Stärken, Deine Schwächen, Deine Sicherheiten und Deine Unsicherheiten bezogen auf Deine Sexualität, Dein Selbstvertrauen, Deine Reife und Deine Fähigkeit für gesunde, erwachsene Beziehungen sowie Deine Fähigkeit, andere zu lieben. Dieses Wissen wird Dir helfen, herauszufinden, inwieweit Du anfällig dafür bist, andere Menschen zu mißbrauchen; es wird Dir helfen, die Talente zu entdecken, die Dir Gott für Deinen Dienst als Priester geschenkt hat. Wenn Gott Dich ruft, Priester zu werden, und Du auf diesen Ruf mit Glauben und Hoffnung reagierst, wird Gott das Beste Deiner Talente stützen zum Wohle für die anderen. Gott ruft niemanden Priester zu werden, um andere zu verletzen. Gott ruft jemanden zum Priester, damit er den Menschen Leben in Fülle bringt. Und Gott hat nicht aufgehört, uns zu rufen. Also, Du kannst auch heute Priester werden in dieser Zeit der Herausforderung und Zweifel. Wenn Du daher nach Gebet und nach sorgfältiger Seelenforschung weiterhin spürst und erfährst, von Gott gerufen zu sein und wenn Deine religiöse Gemeinschaft oder Deine Diözese weiterhin die Erfahrung von Dir mitträgt und auch so einschätzt, dann ist Deine Entscheidung zum Priestertum die Antwort eines gläubigen Menschen. Ich hoffe, daß diese Gedanken Dir helfen bei Deinem inneren Kampf um die Frage: „Wie kann ich nach all diesen Skandalen im Zusammenhang mit sexuellem Mißbrauch noch Priester werden?“*

### Nicht in die Opferrolle fallen

Nach Kevin McDonough (in: Hopkins/Laaser 1995, 102 ff.) ist es für Priester, kirchliche Mitarbeiter und Mitarbeiterinnen wichtig, nicht in der Opferrolle zu bleiben und sich nicht von dem Gift, das von dem sexuellen Fehlverhalten der Mitbrüder oder anderer kirchlicher Mitarbeiter ausgeht, anstecken zu lassen. Ein solches Verhalten löst bei vielen kirchlichen Mitarbeitern Entsetzen aus. Manche macht es wütend oder nur traurig. Wieder andere werden einfach nur mit dem Opfer und dem Täter mitfühlen. Es ist wichtig, alle diese Gefühle zuzulassen, um dann sich und den eigenen Berufsstand klar von dem Täter abzugrenzen. Dabei muß auch die Wut und der Ärger darüber zugelassen werden, daß der Mitarbeiter durch sein Verhalten nicht nur den Kindern und Jugendlichen, deren Angehörigen und der Kirche an sich, sondern auch ihnen, seinen Mitbrüdern und Mitschwestern, die in der Kirche ein Amt ausüben und als Seelsorger tätig sind, Schaden zugefügt hat. Dadurch können sie Distanz herstellen zu jener Person und dem, was sie durch ihr Verhalten ihnen an Schaden zugefügt hat. Die Betroffenen können dann sagen: Auch wenn er durch sein Verhalten dem Image der Kirche und damit auch meinem Image Schaden zugefügt hat, lasse ich mich nicht auf diese Dynamik ein, ich „ziehe" mir dieses schlechte Image nicht „an", ich muß damit rechnen, daß andere mir das anhängen, aber ich gehe nicht geknickt durch die Welt und verstecke mich nicht, sondern ich zeige mich so wie ich bin, ich habe auch Fehler, aber das, um was es hier geht, hat nichts mit mir zu tun.

Eine solche Haltung hilft, so Kevin McDonough, konstruktiv mit der Situation umzugehen. Sie lähmt den einzelnen nicht, sondern ermöglicht ihm, nach vorne zu gehen, sich der Situation zu stellen, zur Aufklärung beizutragen und – was auch ganz wichtig ist –, mitzuhelfen, daß bei all diesen Fehlern und dunklen Flecken, die es am Gewande der Kirche gibt, die hellen Flekken, die hellen Seiten, die schönen Seiten, nicht übersehen werden. Je mehr die Verantwortlichen bereit sind, die schmutzigen Stellen nicht zu verdecken, sondern dazu zu stehen, zugleich aber auch deutlich machen, daß sie nicht für das Gesamte stehen, was kirchliche Mitarbeiter und Kirche ausmacht, um so eher kann verhindert werden, daß durch das sexuelle Fehlverhalten von Klerikern und anderen kirchlichen Mitarbeitern das gesamte Image der Kirche und der Kleriker verdunkelt wird.

Konstruktiv mit einer solchen Situation umgehen heißt dann auf der anderen Seite auch, die entsprechenden Konsequenzen für die Ausbildung und Anstellung von Priestern und kirchlichen MitarbeiterInnen zu ziehen. Für die Priester und kirchlichen Mitarbeiterinnen selbst heißt es, kritisch zu überprüfen, wo sie gegebenenfalls in der Begegnung mit anderen Menschen notwendige Grenzen überschritten haben und inwieweit sie Korrekturen vornehmen müssen, und überfordert sie das, welche Hilfen es dafür gibt. Es heißt weiter, offen dafür zu sein, die tieferen Ursachen für möglichen sexuellen Mißbrauch zu entdecken – zum Beispiel die Vernachlässigung der Befähigung zur

Intimität – und mitzuüberlegen, welche Präventivmaßnahmen ergriffen werden können, um sexuelles Fehlverhalten zu vermeiden.

Kevin McDonough (in: Hopkins/Laaser 1995,114 f.) stellt fest: „Die öffentliche Aufmerksamkeit von sexuellem Fehlverhalten einer kleinen, aber ansehnlichen Anzahl von Klerikern, hat einen großen Eindruck auf fast alle Mitglieder dieses Berufes gehabt. Wenn Seelsorger und andere erfahren, daß die Würde, zu der sie sich verpflichtet haben, durch andere verletzt wird, erfüllt sie das mit Trauer und Ärger gegenüber ihrem eigenen Berufsstand. Sie fühlen sich gegenüber dem besonderen Dienst, dem sie sich geweiht haben, entfremdet und wundern sich, ob das, was sie in sich fühlen, noch richtig ist. Sie fürchten, daß die Menschen sie nicht länger respektieren. Ihren Vorgesetzten begegnen sie mit Argwohn, bezweifeln deren Kompetenz und stellen ihren guten Willen in Frage. Solche verständliche Reaktionen werden heute in vielen Fällen durch die Gnade Gottes verwandelt in eine neue Kreativität für die Kirche und die Synagoge. Kleriker haben durch das Fehlverhalten ihrer Mitbrüder und Mitschwestern mehr über ihre eigene Schwachheit gelernt. In vielen Fällen sprechen sie offen darüber mit ihren Gemeinden und tragen dazu bei, daß ihr seelsorglicher Dienst sozusagen in einen gesünderen Rahmen eingebunden ist."

Ein von den kanadischen katholischen Bischöfen eingesetztes Komitee (vgl. Canadien Conference of Catholic Bishops 1992,45) empfiehlt daher auch, daß die Gemeinden jene Priester unterstützen und ermutigen, die in der kirchlichen Seelsorgsarbeit ihrer Aufgabe gerecht werden und die ihren Dienst mit Würde und Integrität ausüben, die aber oft unter den Auswirkungen sexuellen Fehlverhaltens einer Minderheit unter ihren Mitbrüdern zu leiden haben.

*Gute Wahl bei dem Nachfolger*

Einer besonders schwierigen Situation sieht sich der Seelsorger ausgesetzt, der die Nachfolge eines kirchlichen Mitarbeiters antritt, der Minderjährige sexuell mißbraucht hat. Er bedarf der besonderen Unterstützung seitens der kirchlichen Behörde, vor allem aber auch durch die anderen Mitarbeiter und der Gemeinde selbst. Bei der Entscheidung, wer die Nachfolge antritt, muß

145

besonders sorgfältig geprüft werden, daß es sich hier um eine integre Person handelt, die darüber hinaus psychisch stabil ist, um so dem besonderen Streß, der in dieser Situation zu erwarten ist, gewachsen zu sein. Dieser Seelsorger ist einem enormen Druck ausgesetzt. Von ihm wird erwartet, daß er die Gemeinde nicht wieder enttäuscht. Er wird vielen Vorbehalten, vielem Mißtrauen begegnen. Zugleich ist es seine Aufgabe, mit dazu beizutragen, daß Wunden, die der Gemeinde durch das Fehlverhalten des Vorgängers geschlagen wurden, zu heilen beginnen. Damit nicht auch ihn das Gift des sexuellen Fehlverhaltens des Vorgängers infiziert und er selbst zum Opfer wird, wird es gut sein, daß er professionell begleitet wird, und in gesunde, ihn stützende Beziehungssysteme eingebunden ist, die ihm helfen, gut mit sich selbst umzugehen und sich vor überzogenen Erwartungen und ungerechten Vorwürfen zu schützen.

**4. Ausblick**

Ich bin mir bewußt, daß es noch ein langer Weg ist, bis alle die genannten, kirchlich und seelsorglich notwendigen Schritte tatsächlich vollzogen werden. Mein Eindruck ist, daß die Bereitschaft dazu und Sensibilität dafür zugenommen haben. Jetzt ist es wichtig, weiter in diese Richtung zu gehen, die bisher gemachten Erfahrungen auszuwerten und Strukturen zu schaffen, die es erlauben, differenzierter, überlegter und schneller als noch vor kurzem, in Fällen sexuellen Mißbrauchs Minderjähriger im kirchlichen Kontext kirchlicherseits und auch seelsorglich reagieren zu können. Das schließt für mich mit ein, klar hinzuschauen – und entsprechende Entscheidungen zu treffen –, welche Möglichkeiten es gibt, die Fälle von sexuellem Mißbrauch an Minderjährigen im kirchlichen Kontext zu verhindern. Hier sind vor allem jene gefordert, die für die Ausbildung, Weiterbildung und Anstellung von kirchlichen MitarbeiterInnen zuständig sind.

# Literatur

Canadian Conference of Catholic Bishops, *From Pain to Hope. Report from the Ad Hoc Committee on Child Sexual Abuse,* Ottawa 1992

Gerhard Deser, *Pastoraler Umgang mit Opfern des sexuellen Kindesmißbrauchs,* unveröffentlichte Diplomarbeit, München 1995

John C. Gonsiorek (Hg.), *Breach of Trust. Sexual Exploitation by Health Care Professionals and Clergy,* Thousand Oaks 1995

Heidrun Graf/Wilhelm Körner, *Sexueller Mißbrauch – Skizze einer personzentrierten Klärung,* in: W. Körner/G. Hörmann (Hg.), *Handbuch der Erziehungsberatung,* Bd. 1, Göttingen 1997

Nancy Myer Hopkins/Mark Laaser (Ed.), *Restoring the Soul of a Church. Healing Congregations Wounded by Clergy Sexual Misconduct,* Collegeville 1995

Klaus Hoppe, *Gewissen, Gott und Leidenschaft,* Stuttgart 1985

Wunibald Müller, *Gemeinsam wachsen in Gruppen,* Mainz 1989

Wunibald Müller, *Begegnung, die vom Herzen kommt. Die vergessene Barmherzigkeit in Seelsorge und Therapie,* Mainz 1993

Jay F. O'Connor, *How can I choose the Priesthood after all the Sex-Abuse Scandals,* in: Insight 1995, 38–39

Wolfgang Schmidbauer, *Wenn Helfer Fehler machen,* Hamburg 1997

Ursula Wirtz, *Seelenmord, Inzest und Therapie,* Zürich 1992

# MitarbeiterInnen

*Mollie Brown,* Direktorin der Spirit House Therapeutic Community, eine therapeutische und spirituelle Einrichtung für Ordensfrauen

*Anselm Grün,* Dr. theol., Benediktiner, Cellerar, Schriftsteller und geistliche Begleiter im Recollectio-Haus

*Doris Hofmann,* Kinder- und Jugendlichen-Psychotherapeutin

*Patricia Moran,* Supervisorin für HelferInnen, die im Bereich sexueller Mißbrauch arbeiten

*Wunibald Müller,* Dr. theol., Dipl. psych., Psychotherapeut, Leiter des Recollectio-Hauses in Münsterschwarzach

*Helga Peteler,* Dr. med., Ärztin/Psychotherapeutin mit sozialpädiatrischer Praxis

*Stephen Rossetti,* kath. Priester, Psychologe, Dr. theol., Vizepräsident des St. Luke Institutes in Maryland, USA